Guía esencial
Linux

D1731839

Consultor editorial:

SEBASTIÁN DORMIDO BENCOMO
Departamento de Informática y Automática
UNIVERSIDAD NACIONAL DE EDUCACIÓN A DISTANCIA

Guía esencial Linux

John Ray

Traducción
Vuelapluma

Prentice
Hall

Madrid • México • Santafé de Bogotá • Buenos Aires • Caracas • Lima
Montevideo • San Juan • San José • Santiago • Sao Paulo • White Plains

/Datos de catalogación bibliográfica

John Ray
Guía esencial Linux
PEARSON EDUCACIÓN, S. A., Madrid, 2002

ISBN: 84-205-3155-3
Materia: Informática 681.3

Formato: 140 x 210   Páginas: 304

DERECHOS RESERVADOS
© 2002 respecto a la primera edición en español por:
PEARSON EDUCACIÓN, S.A.
Núñez de Balboa, 120
28006 Madrid
John Ray
Guía esebcuak Linux
ISBN: 84-205-3155-3
Depósito Legal: M. 2.478-2002
PRENTICE HALL es un sello editorial autorizado de PEARSON EDUCACIÓN

Traducido de: Sams Teach Yourself Linux
Copyright©2000 by Sams
ISBN 0-672-31524-6

Edición en español:

Equipo editorial:
        Director: Alejandro Domínguez
        Editores: Félix Fuentes y Eva María López
        Técnico editorial: Lydia López

Equipo de producción:
        Director: José Antonio Clares
        Técnico: José Antonio Hernán

Equipo de diseño: Mario Guindel, Lía Sáenz y Begoña Pérez
Composición: COMPOMAR, S. L.
Impreso por: Gráficas Rógar, S. A.

IMPRESO EN ESPAÑA - PRINTED IN SPAIN

Este libro ha sido impreso con papel y tintas ecológicos

Índice de contenido

Dedicatoria

A mis padres, a mi perro (por ser tan paciente) y al omnipresente kiwi.

Agradecimientos

Me gustaría dar las gracias a todos los que han trabajado de forma incansable para llevar a cabo este proyecto: a Laura Bulcher, la directora de desarrollo, por entender lo que yo intentaba decir; a Grace Buechlein, la directora ejecutiva, por lograr que todo estuviera organizado en un plazo de tiempo tan breve; a Anne Groves, directora técnica, por realizar una edición técnica inteligente y comprensiva; y, finalmente, a mi hermano Will, ya que sin su ayuda este proyecto no habría visto la luz. Espero que los lectores disfruten leyendo este libro tanto como yo disfruté escribiéndolo.

El autor

John Ray es un galardonado desarrollador de aplicaciones web. Es, además, administrador de sistemas de la Universidad del Estado de Ohio (Estados Unidos). John Ray es ingeniero informático por la misma universidad y se encarga de supervisar las operaciones de red para una de sus facultades. Fue allí donde implementó una base de datos para todo el campus, con el fin de mantener información TCP/IP para diversos tipos de máquinas. Asimismo, creó un lenguaje de programación para principiantes conocido con el nombre de *Weaver,* que se utiliza en la base de datos de noticias de la Universidad del Estado de Ohio, así como en otras aplicaciones de gama alta. Durante los últimos cinco años, John ha utilizado exclusivamente Linux para sus tareas de programación y ha defendido su uso en proyectos fuera de la universidad. Por otra parte, Ray desarrolla soluciones personalizadas de programación TCP/IP basadas en Unix y Linux para empresas radicadas a lo largo de los EE.UU. Puede ponerse en contacto con él en la siguiente dirección de e-mail: jray@poisontooth.cos.

Introducción

¿Qué es Linux?

Durante años, UNIX ha sido considerado el sistema operativo de red por excelencia. Constituye la base de la mayor parte de los servicios de Internet que probablemente conozca. A medida que el uso de Internet (y las redes en general) ha ido extendiéndose, la necesidad de disponer de sistemas operativos de red ha aumentado. El problema, no obstante, está en que, aunque las versiones tradicionales de UNIX ofrecen las utilidades necesarias, suelen ser muy caras. Es hora de que conozca el sistema operativo Linux.

Como quizá sepa ya, Linux funciona de igual forma que UNIX. Fue desarrollado por Linus Torvalds y ha seguido creciendo bajo su supervisión. Existen miles de personas en todo el mundo que están contribuyendo al desarrollo del sistema operativo Linux. La diferencia con otros sistemas operativos está en que estas personas contribuyen al desarrollo de Linux porque quieren, no porque éste sea su trabajo ni porque tengan obligación alguna. El resultado de este esfuerzo común es un sistema operativo que ha nacido gracias al trabajo desinteresado y que se puede adquirir de forma totalmente **gratuita**.

Linux se distribuye bajo los términos de la Licencia Pública GNU, lo que requiere que el código fuente sea gratis. ¿Entonces no hay ninguna empresa que venda Linux? Sí, muchas. Estas empresas producen versiones de Linux con características añadidas e incluyen además documentación impresa. No obstante, estas versiones comerciales se pueden descargar de forma gratuita en Internet (pero, en ese caso, no incluyen ni documentación ni soporte).

Además de ser gratis, Linux es, gracias a sus orígenes UNIX, un sistema operativo muy potente. Ofrece características de memoria protegida, un entorno multitarea con desalojo y un completo entorno multiusuario. Se puede utilizar para dar servicio de archivos, sitios web, e-mail y casi cualquier cosa que se desee. A diferencia de otros sistemas operativos de servidor, los requisitos de sistema para instalar Linux son mínimos y se puede utilizar incluso en máquinas que pudieran haberse relegado ya al montón de chatarra. Además, funciona en un amplio rango de sistemas. En lugar de emplear un sistema propietario para cada tipo de computadora, Linux ha sido adaptado para que pueda funcionar en muchos tipos distintos de procesadores (desde el Alpha hasta los Pentium de Intel y los PowerPC de Motorola e IBM). Esto significa que en una computadora Mac se puede instalar el mismo sistema que en una máquina Dell, Gateway… ¿no le parece increíble?

Cómo utilizar este libro

Linux puede asustar a mucha gente, ya que la potencia de este sistema operativo radica en la línea de comandos. UNIX, y, por tanto, Linux, pueden parecer sistemas crípticos para un usuario principiante. He aquí la razón de este libro. Esta **Guía esencial Linux** realiza una introducción a los comandos básicos de Linux de manera informativa y fácil de entender. Cuando haya terminado de leer este libro, sabrá cómo utilizar la línea de comandos y cómo encontrar cualquier tipo de información que necesite a través del extenso sistema de ayuda incorporada de Linux. Además, podrá aprender acerca de la interfaz de usuario KDE, un elegante entorno muy potente controlado por ratón, que se está convirtiendo rápidamente en el entorno de escritorio estándar del sistema Linux.

En términos generales, este libro se puede dividir en varias partes. Las cinco primeras lecciones le ayudarán a familiarizarse con el entorno Linux y le enseñarán cómo navegar por el sistema de archivos. En las cinco lecciones siguientes conocerá distintas utilidades de archivos. Las seis lecciones que vienen a continuación le enseñarán todo lo necesario para trabajar con el *shell* y personalizar su entorno. En las últimas dos partes aprenderá a comunicarse con el mundo exterior y encontrará las nociones básicas sobre aspectos más avanzados del sistema Linux. Al final se incluye un apéndice que le puede ayudar a elegir la versión de distribución de Linux que más le convenga.

Espero que este libro le enseñe todo lo necesario para llegar a descubrir la verdadera potencia que se esconde detrás de uno de los sistemas operativos que más rápido está creciendo en todo el mundo.

Cómo familiarizarse con el entorno Linux

1. **Cómo empezar a utilizar Linux**
2. **Documentación y ayuda**
3. **La interfaz gráfica de usuario**

Cómo empezar a utilizar Linux

En este capítulo, el lector aprenderá a iniciar y cerrar una sesión, las nociones básicas para trabajar con una máquina Linux y un poco de historia sobre las funciones de este sistema operativo.

Un poco de historia

Durante años, el sistema operativo UNIX ha tenido fama de ser un sistema que intimidaba y espantaba a mucha gente. Tradicionalmente, este sistema se ha empleado en computadoras bastante costosas, en grandes empresas y organizaciones.

Pero, gracias a Linux, este panorama ha empezado a cambiar. Linux es un sistema operativo que nació cuando un estudiante de informática intentaba crear un sistema que se pareciera y funcionara de forma similar al sistema operativo UNIX, pero que fuera más fácil de usar en la computadora de sobremesa. Linux hace posible que las computadoras personales trabajen codo a codo con otros sistemas UNIX de más alto coste, ya que se trata, básicamente, de una reimplementación partiendo de cero del sistema operativo UNIX.

Debido al creciente interés suscitado por el sistema Linux, se han desarrollado utilidades para facilitar el trabajo al usuario, y el sistema Linux y otros sistemas UNIX han pasado de ser plataformas servidoras a ser computadoras de sobremesa.

Inicio de sesión

Lo primero que verá cuando se siente frente a su computadora es que es necesario iniciar la sesión antes de empezar a usar el sistema. Linux es un sistema operativo multiusuario, lo que significa que ofrece la posibilidad de que varios usuarios tengan almacenados en la misma computadora, por separado, sus propias cuentas, programas y parámetros de configuración. Si está acostumbrado a los sistemas operativos Windows 95/98 o NT, puede que esto le suene parecido al concepto de distintos usuarios en Windows y, en cierto modo, es así. La diferencia está en que Windows 95/98 no protege los archivos de un usuario determinado frente a otros usuarios, sino que simplemente los oculta. Y, además, Windows 95/98 no permite que varios usuarios ejecuten distintos programas al mismo tiempo. Sin embargo, con Linux esto sí se puede hacer.

Propiedad y permisos

En Linux existen los conceptos de **propiedad** y **permisos**. Los usuarios son propietarios de archivos y, gracias a los permisos, se controla quién puede visualizar, editar o ejecutar archivos en el sistema. Afortunadamente, un usuario ocasional no suele tener que preocuparse por el tema de la propiedad. Si desea compartir archivos con otros usuarios del sistema, consulte el Capítulo 19, "Permisos". Una vez iniciemos una sesión, todos los archivos que se hayan creado durante esa sesión pasarán automáticamente a ser propiedad de nuestra cuenta.

Multiusuario

Además de controlar y llevar la cuenta de quién posee qué, Linux también permite que varios usuarios accedan al sistema al mismo tiempo. Esto supone un cambio importante en comparación con el entorno de escritorio que ofrecen los sistemas operativos tradicionales. Mientras un usuario está trabajando en un documento de texto, otro puede estar realizando varios cálculos para un proyecto de ingeniería. Cientos de usuarios distintos podrían ejecutar al mismo tiempo muchos procesos diferentes en una misma computadora. En el Capítulo 11, "Procesos", se explica el concepto de procesos y cómo administrarlos.

El indicativo de inicio de sesión

Para iniciar la sesión, es necesario facilitar un nombre de usuario y una contraseña. Ambas cosas deben haber sido proporcionadas por el administrador del sistema (también pueden ser elegidas durante el proceso de instalación del software de Linux). Una vez introducida esta información, Linux carga la configuración de cuenta correspondiente y el sistema queda listo para su uso. Observará que, dependiendo de la configuración, la pantalla que aparece cuando se introduce el nombre de usuario y la contraseña varía de un sistema a otro. Se pueden encontrar dos tipos de pantalla de inicio de sesión: una pantalla gráfica y una pantalla de texto.

MAYÚSCULAS O MINÚCULAS

Linux diferencia entre las mayúsculas y las minúsculas, lo que afecta a los nombres de usuario, contraseñas y nombres de directorios. Por ejemplo, si se elige la contraseña HAPPY1, no es lo mismo que happy1 ni que HAPPy1. Si está seguro de que está escribiendo bien su contraseña pero, aun así, no puede iniciar la sesión, compruebe que no tiene activada la tecla BloqMayús.

Inicio de sesión basado en texto

La pantalla de texto varía dependiendo de la versión de distribución de Linux que se esté utilizando. Por ejemplo, el indicativo de la versión OpenLinux de Caldera es el siguiente:

```
Caldera OpenLinux(TM)
Version 1.3
Copyright 1996-1998 Caldera Systems, Inc.
login:
password:
```

Hay que introducir el nombre de usuario junto al indicativo login (inicio de sesión) y pulsar la tecla de retorno o Intro. El indicativo password (contraseña) aparece inmediatamente después. Al escribir su contraseña, los datos no se mostrarán en la pantalla, con el fin de proteger su cuenta de ojos indiscretos. Si introduce correctamente el nombre de usuario y la contraseña, aparecerá un indicativo *shell* y podrá empezar a introducir comandos en el sistema. No se preocupe si no sabe qué hacer a continuación; pronto aprenderá a hacer algo productivo con el sistema.

ERRORES EN EL MOMENTO DE INICIAR LA SESIÓN

No se preocupe si comete un error al iniciar la sesión. El sistema registrará el intento fallido en un archivo de seguridad. En la configuración predeterminada, Linux ofrece otra oportunidad para iniciar la sesión. No se preocupe si se equivoca la primera vez; todos cometemos errores.

Inicio de sesión gráfico

Su computadora puede estar configurada de tal forma que, en lugar de una pantalla de texto, aparezca una pantalla más animada: una pantalla gráfica en la que se pueden introducir los datos necesarios para iniciar la sesión. Funciona exactamente igual que el sistema de texto, pero le introducirá inmediatamente en el entorno X Windows. Si únicamente va a trabajar en X Windows, debería solicitar a su administrador del sistema que instale la interfaz gráfica KMD o XMD, que ofrecen servicios gráficos de inicio de sesión.

Cierre de sesión

Ahora que sabe cómo iniciar una sesión en el sistema, echemos un breve vistazo a cómo cerrar la sesión y por qué es importante hacerlo. Como hemos dicho, su computadora permite que varias personas la estén utilizando al mismo tiempo y que haya archivos propiedad de muchos usuarios distintos. El proceso de inicio de sesión identifica al usuario frente al sistema y le permite controlar la computadora mediante su nombre de usuario. Al cerrar la sesión el proceso es el contrario. Se cierran todos los archivos que se hayan abierto y todos los programas que se hayan podido dejar funcionando. Si no se cierra la sesión, se puede poner en peligro la seguridad del sistema y es posible que los procesos que se hayan dejado funcionando ralenticen la computadora y perjudiquen a otros usuarios. Lo mejor es cerrar siempre la sesión cuando se termina de utilizar la computadora.

Una advertencia importante: no debe apagar nunca la computadora sin seguir el proceso correcto de apagado del sistema. Este proceso se inicia pulsando la combinación de teclas Ctrl+Alt+Supr. Lo mejor es hacer esto desde el indicativo **login**, con el fin de no perder ningún archivo con el que se esté trabajando. En el Capítulo 20, "Comandos privilegiados", se describen otros métodos para apagar el sistema.

Cómo cerrar una sesión de texto

Si no está ejecutando una sesión gráfica (es decir, no hay ventanas en su pantalla), el único comando que necesita para cerrar la sesión es, como cabía esperar, logout (cierre de sesión):

```
>logout
```

El sistema volverá inmediatamente al indicativo login. Y, de esta forma, el proceso de cierre de la sesión habrá terminado.

Cómo salir de una sesión de KDE

Si ha accedido al sistema a través de la interfaz gráfica KDE (*K Desktop Environment*, Entorno de Escritorio K), también puede utilizar el ratón para salir del sistema. En el Capítulo 3, "La interfaz gráfica de usuario", aprenderá más acerca de KDE. Para salir del sistema, siga estos pasos:

1. Haga clic en el símbolo **K** para que aparezca el menú principal de la interfaz KDE.

2. Seleccione la opción Logout en el menú.

3. El sistema indicará que KDE está listo para cerrar su sesión. Haga clic en el botón Logout para finalizar el proceso.

El indicativo de comando de UNIX y LINUX

Quizá se pregunte para qué le va a servir Linux si lo único que sabe hacer es iniciar y cerrar la sesión. Debe tener paciencia, ya que Linux puede resultar algo abrumador si se entra en materia demasiado rápido. La potencia de UNIX, y por tanto también de Linux, reside en la gran cantidad de utilidades que ofrecen y en el modo en que se pueden combinar los procesos para realizar tareas que requerirían la utilización de programas personalizados en otros sistemas operativos. Por ejemplo, suponga que está ejecutando un servidor web en su computadora Linux y desea contar el número de accesos realizados desde una computadora llamada kiwi. Si usted es programador, no tendrá demasiadas dificultades para escribir un programa que realice esta tarea, pero no es necesario. Lo único que tiene que hacer es introducir el siguiente comando:

```
> grep "kiwi" /var/log/httpd/access.log ¦ wc -l
```

De este modo se cuenta el número de líneas que contiene kiwi en el archivo de registro del servidor web. Está claro que no tiene todavía por qué saber esto, pero lo sabrá al final del libro. Cuando se introducen comandos en Linux, se están introduciendo en lo que se conoce como un *shell*. Para los usuarios de DOS, un *shell* es equivalente a COMMAND.COM. Si recuerda el sistema operativo DOS, quizá recuerde también distintos *shells* de DOS que añadían capacidades a la computadora. UNIX dispone de una gran variedad de *shells*, cada uno de los cuales ofrece un conjunto de capacidades diferentes. Además de proporcionar al usuario un entorno en el que ejecutar comandos, los *shells* también proporcionan un lenguaje de *scripts*, muy parecido a los archivos de proceso por lotes del sistema operativo DOS, pero con muchas más capacidades. Los programas que se escriben utilizando un *shell* se denominan **scripts de shell**.

Una gran variedad de *shells*

Existen muchos *shells* disponibles en Linux. La mayoría de la gente suele probar los distintos *shells* y luego elige el que más le conviene. Si no tiene previsto programar el *shell*, probablemente no necesitará cambiarlo. En el Capítulo 15, "Utilidades del usuario", se estudian las técnicas que se pueden usar para cambiar de *shell*. A continuación se incluye una breve relación de algunos de los distintos *shells* disponibles y las ventajas que ofrecen.

- **sh**. Es el *shell* por excelencia. Está disponible en cualquier versión de distribución de UNIX y ofrece una sintaxis de *scripts* simple. La mayoría de la gente sólo utiliza el *shell* **sh** cuando escribe programas que tienen que poder ejecutarse en cualquier computadora UNIX.

- **csh**. El *shell* C. El *shell* **csh** debe su nombre al lenguaje de programación C. El entorno de *scripts* que ofrece **csh** se parece al lenguaje C y es bastante flexible como para escribir largos *scripts* personalizados, que se pueden ejecutar en la mayor parte de las computadoras UNIX.

- **bash**. Se trata de un *shell* moderno, popular sobre todo entre la comunidad Linux y que se incluye como *shell* predeterminado en la mayoría de las computadoras Linux. **bash** ofrece las mismas capacidades que **csh**, pero incluye funciones avanzadas tanto para el usuario como para el programador. En **bash** se incluye la terminación de comandos y nombres de archivo, y un historial de comandos al que se puede acceder fácilmente y que se conserva al pasar de una sesión a otra.

Existen muchos más *shells*, pero estos tres son los que más frecuentemente encontrará. No se preocupe si utiliza una computadora con un *shell* distinto; con los conocimientos que adquiera con este libro, será capaz de trabajar con dicha máquina. Quizá encuentre algunas diferencias en la arquitectura de *scripts*, pero no se sentirá perdido.

Sintaxis de los comandos del *shell*

Para utilizar un *shell* sólo tiene que introducir el comando que desea utilizar y pulsar la tecla Intro. No obstante, existen algunas normas que pueden ayudarle en el caso de que tenga algún problema para que funcione un comando.

- A la hora de introducir los comandos hay que distinguir entre mayúsculas y minúsculas. Los comandos normalmente van en minúsculas. Al contrario que en Windows, no se pueden mezclar mayúsculas y minúsculas y esperar que el comando continúe funcionando; es necesario escribir el comando tal y como está almacenado en el sistema.

- Con frecuencia, el directorio actual no está incluido en la variable de entorno de ruta **PATH**. La ruta incluye los directorios de todos los comandos a los que se puede acceder introduciendo únicamente el nombre del comando (en el Capítulo 16, "Cómo modificar el entorno de usuario", se explica cómo modificar esto). Sin embargo, es posible que el directorio actual no esté incluido, por lo que, aunque se encuentre en un directorio que incluya un programa llamado **parachute**, observará que no puede ejecutar el programa escribiendo parachute. Para ejecutar el comando, hay que decirle al sistema que el comando **parachute** se encuentra en el mismo directorio en el que nos encontramos. Para ello, introduzca ./ delante del nombre del comando. Así pues, el comando **parachute** se podrá ejecutar escribiendo ./parachute desde su propio directorio.

¿QUÉ SIGNIFICAN . Y /?

El carácter . representa al directorio actual y el carácter / es el separador de directorios. Si se utilizan los dos juntos (./), representan la ruta hacia el directorio en el que el usuario se encuentra en ese momento.

- Existen símbolos, comandos y otros caracteres especiales que podrían dejar su *shell* en un estado aparentemente inutilizable. Por lo general, esto significa que se ha iniciado algún tipo de proceso en el que el sistema espera a que el usuario introduzca información. Existen tres caracteres de control que quizá le ayuden a recuperar el control de sus comandos. Para teclear uno de estos caracteres de control, mantenga pulsada la tecla Ctrl mientras pulsa la letra correspondiente:

  - **Ctrl+d.** Le comunica al sistema que el usuario ha terminado de introducir la información para un comando. Resulta útil en el caso de que se inicie un programa de forma accidental y no se pueda salir.

  - **Ctrl+c.** Es el carácter de "ruptura" en UNIX. Normalmente sirve para finalizar cualquier programa que se esté ejecutando en ese momento y luego volver al indicativo de comando.

  - **Ctrl+z.** Sirve para interrumpir el proceso que se estuviera ejecutando en ese momento y volver al indicativo de comando. Si se cierra la sesión, finalizará el comando interrumpido.

No debe tener miedo de probar los comandos que se explican en este libro e investigar el sistema para encontrar nuevos comandos. Se sorprenderá de todo lo que puede hacer pulsando unas cuantas teclas.

Resumen

En este capítulo se han explicado algunas de las nociones básicas necesarias para empezar a usar de forma eficaz el sistema operativo Linux. Aunque la mayor parte de los conceptos que se han explicado son relativamente sencillos, resultan de gran importancia a la hora de entender cómo y por qué Linux funciona de la forma que lo hace.

- **Inicio de sesión** (login). Al iniciar una sesión en Linux, el sistema le identifica como usuario y asigna al propietario correcto a los archivos que usted cree o modifique. Cada usuario tiene su propio entorno y puede ejecutar programas al mismo tiempo que otros usuarios.

- **Cierre de sesión** (logout). Al cerrar la sesión, se cierran los archivos abiertos y finalizan todos los procesos pertenecientes al usuario actual. Siempre debería cerrar la sesión cuando haya terminado de usar el sistema.

- **Línea de comandos.** La línea de comandos de UNIX permite crear funciones complejas encadenando diversos comandos predefinidos. Aquello que requiere utilizar un software especializado en otros sistemas, en UNIX se puede realizar mediante utilidades del propio sistema operativo.

- **Shells.** Existen muchos tipos de *shells* que se pueden utilizar. Dependiendo de sus necesidades como programador o usuario, tendrá que evaluar las funciones de *shell* que considere necesarias y elegir una.

- **Utilización de la línea de comandos.** Como cabría esperar, los comandos se pueden escribir directamente en un *shell*. Pero recuerde que los comandos se escriben normalmente en minúsculas y puede que sea necesario especificar la ruta de acceso del comando si éste no está incluido en su variable de entorno PATH.

Documentación y ayuda

2

En este capítulo se describen varios métodos para obtener información acerca de los comandos y las capacidades de Linux.

Si ha investigado un poco en el sistema Linux, quizá haya observado que en su computadora hay, literalmente, miles de archivos y aplicaciones diferentes. Es posible que al principio le parezca algo abrumador, pero la diversidad y las extensas capacidades del sistema operativo forman parte de su principal atractivo. Si desea realizar una tarea, no le quepa duda de que Linux posee una utilidad o una combinación de utilidades que le pueden ayudar a llevarla a cabo. Pero, probablemente, en estos momentos, se estará preguntando el modo en que puede utilizar todo este material.

Las páginas del manual de Linux

El manual de Linux (también llamado **man**) es la fuente más rápida y fácil para encontrar información sobre cómo utilizar los comandos de su sistema. En las páginas de este manual se ofrece información sobre qué hacen los programas y cómo utilizarlos, e información complementaria sobre otras utilidades relacionadas que podrían ser de interés. Si es programador, el manual también le puede proporcionar información útil de programación.

man

Para visualizar una **página del manual**, utilice el comando man. Lo más sencillo es teclear man y a continuación el comando que desea consultar. Quizá encuentre diferencias entre las páginas de los manuales de distintas versiones de Linux. Esto se debe a que el manual cambia cuando se actualiza el software.

Por ejemplo, para consultar la página del manual sobre el comando date (fecha), habría que teclear:

```
>man date
DATE(1)
DATE(1)
NAME
    date - print or set the system date and time

SYNOPSIS
    date [-u] [-d datestr] [-s datestr] [—utc] [—universal]
    [—date=datestr]  [—set=datestr]     [—help] [—version]
    [+FORMAT] [MMDDhhmm[[CC]YY][.ss]]

DESCRIPTION
    This manual page documents the GNU version of date. date
    with no arguments prints the current time and date (in the
    format  of the `%c' directive described below). If given an
    argument that starts with a `+', it prints the current time
    and date  in a format controlled by that argument, which
    has the same format  as the format string passed to the
    `strftime' function
...
```

¿CÓMO LEER EL RESTO?

Cuando aparezcan tres puntos (...) en la pantalla, significa que hay más texto que leer. Las páginas del manual no avanzan automáticamente. Para ver más texto, es necesario pulsar la Barra espaciadora. Si pulsa la tecla Q, se cerrará la página y volverá a la línea de comandos.

Ésta es una mínima muestra de la información que se puede obtener por medio del comando man, pero resulta suficiente para hacerse una idea. No obstante, pronto se dará cuenta de que utilizar las páginas del manual para averiguar todo lo que hay disponible en el sistema requiere bastante tiempo. Para ahorrar tiempo, se puede obtener una descripción resumida de un comando utilizando uno de los cuatro comandos siguientes: **man -f, man -k, whatis** o **apropos**, seguido del nombre del comando que se desea consultar. Todas estas funciones devuelven resultados similares, pero la búsqueda se puede realizar de dos formas.

Variaciones de man, apropos, whatis

Si conoce el comando que desea consultar, utilice **man -f** o **whatis** y a continuación introduzca el nombre del comando.

Por ejemplo, para obtener un resumen de la función del comando **date**, habría que escribir lo siguiente:

```
>man -f date
date (1)        - print or set the system date and time
END
```

Se obtiene una breve descripción de lo que hace el comando **date**. Para volver a la línea de comandos, es necesario pulsar la tecla Q.

Si no está muy seguro de lo que busca, los comandos **man -f** y **whatis** analizarán la descripción de todos los comandos disponibles para encontrar las palabras clave correspondientes. Si se produce algún error al ejecutar estos comandos, podría deberse a que se haya eliminado la base de datos **whatis** del sistema o a que no haya sido creada. Para solucionarlo, deberá ponerse en contacto con su administrador del sistema y pedirle que utilice el comando **makewhatis** para generar los archivos de base de datos necesarios para usar **whatis**. Puesto que esta función afecta a áreas protegidas del sistema, no está disponible para la mayoría de los usuarios.

Ahora intente ejecutar whatis para el comando time (hora). Deberían aparecer varios elementos relevantes.

```
>whatis time
time (2)      - get time in seconds
time (n)      - Time the execution of a script
Time::Local (3)     - efficiently compute time from local
➥and GMT time
Time::gmtime (3)     - by-name interface to Perl's built-in
➥gmtime() function
Time::localtime (3) - by-name interface to Perl's built-in
➥localtime() function
Time::tm (3) - internal object used by Time::gmtime
➥and Time::localtime
END
```

Observe que la palabra clave time se ha encontrado en seis elementos distintos de la base de datos whatis. Para volver al indicativo de comando, pulse la tecla Q.

¿QUÉ SIGNIFICAN LAS LETRAS Y LOS NÚMEROS DETRÁS DE UN COMANDO?

Observará que algunos comandos van seguidos de un número o de una letra. Éstos hacen referencia al número de sección para ese comando. Por ejemplo, el comando time está seguido de n y 2. Esto significa que hay dos usos distintos para el comando time. Para obtener información sobre cada una de las variaciones, introduzca man seguido del número o letra de sección y el comando. Por ejemplo, man n o man 2 time.

Finalmente, si no está seguro de lo que desea consultar y, al realizar una búsqueda mediante palabra clave, no obtiene nada útil, intente con el comando apropos o man -k. Este comando analiza las descripciones, al igual que whatis, pero también presenta las correspondencias parciales con una cadena que el usuario especifique.

Intente ejecutar apropos con time y compare sus resultados con los obtenidos con el comando whatis con time.

```
>apropos time
clock (3)     -Determine processor time
clock (n)     -Obtain and manipulate time
convdate (1) -convert time/date strings and numbers
date (1)      -print or set the system date and time
difftime (3) -calculate time difference
ftime (3)     -return date and time
ftpshut (8)  -close down the ftp servers at a given time
kbdrate (8)  -reset the keyboard repeat rate and delay time
ldconfig (8) -determine run-time link bindings
metamail (1) -infrastructure for mailcap-based
➥multimedia mail handling
nanosleep (2)        -pause execution for a specified time
nwfstime (1) -Display / Set a NetWare server's date
➥and time
parsedate (3)        -convert time and date string to number
...
```

Este comando encontró en el ejemplo alrededor de 70 correspondencias en el sistema, muchas más de las obtenidas con el comando whatis time. Trate de ser lo más concreto posible cuando utilice apropos o man -k, puesto que, si no, perderá mucho tiempo leyendo información que no tiene nada que ver con lo que busca. No olvide que ... significa que hay más información, a la que se puede acceder pulsando la Barra espaciadora. Como en el caso anterior, para volver al indicativo de comando hay que pulsar la tecla Q.

Ayuda del sistema

Para muchos de los comandos de Linux existe una ayuda en el propio sistema operativo que no resulta tan prolija como las páginas del manual y a la que se puede acceder de forma rápida. Si siempre utiliza las páginas del manual para encontrar las opciones disponibles para un comando determinado, debería comprobar si dicho comando dispone de su propio resumen de ayuda. Si ha perdido mucho tiempo utilizando las utilidades de compresión o archivado, sabrá a lo que nos referimos. La opción **--help** (ayuda) le proporcionará la información necesaria para muchos comandos. En algunos casos, la opción puede escribirse de una forma más simple: **--h**. Si la primera variante no funciona, inténtelo de nuevo. No se sorprenda si se encuentra con casos en los que no funciona la opción en absoluto, ya que es posible que la ayuda no se encuentre disponible.

Para visualizar la ayuda para el comando **date**, habría que teclear:

```
>date — help
Usage: date [OPTION]... [+FORMAT]
or: date [OPTION] [MMDDhhmm[[CC]YY][.ss]]
Display the current time in the given FORMAT, or set the
➥system date.

-d, --date=STRING          display time described by STRING,
➥not `now'
-f, --file-DATEFILE        like —date once for each line
➥of DATEFILE
-r, --reference=FILE       display the last modification time
➥of FILE
-R, --rfc-822              output RFC-822 compliant date
➥string
-s, --set=STRING           set time described by STRING
-u, --utc, —universal      print or set Coordinated Universal
➥Time
    --help                 display this help and exit
    --version              output version information and
➥exit
...
```

Aunque no es tan descriptiva como en las páginas del manual, la información proporcionada es útil y precisa.

Dependiendo de los recursos disponibles, puede que su administrador del sistema haya decidido no instalar las páginas del manual en el sistema Linux, ya que ocupan bastante espacio en el disco duro. En ese caso, aprenderá a valorar la función de ayuda incorporada que ofrecen muchas aplicaciones.

Documentación adicional

Con frecuencia, el sistema operativo Linux incluye un directorio de documentación en el que se ofrece información útil. Si se analiza la estructura del directorio /usr/doc, se puede encontrar información que no aparece en ningún otro lugar.

Documentación sobre un programa específico

A menudo, la información sobre programas específicos se instala en el directorio /usr/doc. Para echar un vistazo a lo que está instalado en su sistema, escriba cd/usr/doc y a continuación ls, para que aparezca un listado de lo que está disponible. En el Capítulo 4, "El sistema de archivos", se describen de forma exhaustiva estos comandos. Por ahora, sólo debe tener en cuenta que el comando **cd/usr/doc** le lleva al directorio /usr/doc y que ls presenta un listado de los archivos que hay en ese directorio. Ésta es un área del sistema en la que puede sentirse libre para investigar. La información varía según el programa. Puede encontrar información sobre los autores del software, páginas web y cualquier otra cosa que hayan decidido incluir los programadores. Por ejemplo, a continuación pueden verse los archivos que contienen información disponible para el comando **at** en el sistema del autor (en el que la documentación sobre **at** se encuentra en el directorio /usr/doc/at-3.1.7):

```
>ls /usr/doc/at-3.1.7/
ChangeLog  Copyright  Problems  README    timespec
```

Se pueden usar los comandos **cat**, **more** o **less** para visualizar de forma rápida la información que se necesita. En el Capítulo 7, "Cómo leer archivos", se analizan en profundidad dichos comandos.

```
>more /usr/doc/at-3.1.7/Copyright
This package was debianized by Thomas Koenig ig25@rz.
```

```
➡uni-karlsruhe.de on
Thu, 20 Feb 1997 17:33:12 +0100.

Original version.

Copyright: 1993, 1994, 1995, 1996, 1997 (c) Thomas Koenig
           1993 (c) David Parsons

This program is distributed in the hope that it will be
➡useful, but
WITHOUT ANY WARRANTY; without even the implied warranty of
MERCHANTABILITY or FITNESS FOR A PARTICULAR PURPOSE.  See
➡the GNU
General Public License for more details.

You should have received a copy of the GNU General Public
➡License with
this program.    If not, write to the Free Software
Foundation,
➡Inc., 675
Mass Ave, Cambridge, MA 02139, USA.
```

En este caso no se obtiene nada sorprendente, pero nunca se sabe lo que se puede aprender si uno se pone a investigar.

Información HOWTO

La documentación sobre programas específicos resulta útil, pero también es interesante saber cómo llevar a cabo ciertas tareas en el sistema, como, por ejemplo, configurar una tarjeta de sonido. Linux ofrece una exhaustiva base de datos HOWTO, que contiene información sobre todos los aspectos, incluido cómo configurar su sistema para utilizar tarjetas aceleradoras 3D o de sonido. Los archivos HOWTO se encuentran en el directorio /usr/doc, en un subdirectorio llamado /usr/doc/HOWTO.

Para ver los archivos HOWTO disponibles, haga un listado del mencionado subdirectorio HOWTO:

```
>ls /usr/doc/HOWTO
3Dfx-HOWTO
AX25-HOWTO
```

```
Access-HOWTO
Alpha-HOWTO
Assembly-HOWTO
Benchmarking-HOWTO
BootPrompt-HOWTO
Bootdisk-HOWTO
Busmouse-HOWTO
CD-Writing-HOWTO
...
```

Utilice los comandos **more**, **less** o **cat** para visualizar cualquier archivo que le interese. Por ejemplo, para visualizar información sobre cómo instalar una tarjeta aceleradora 3Dfx, escriba lo siguiente:

```
>more /usr/doc/HOWTO/3Dfx-HOWTO
```

Aparecerán unas instrucciones de configuración completas para la configuración. Existe un gran número de archivos HOWTO disponibles, así que, si le surge cualquier problema, asegúrese de comprobar si existe algún archivo de ayuda HOWTO relacionado con ese tema.

Información de ayuda en HTML

Gran parte de la información HOWTO, así como otro tipo de documentación, está disponible en formato HTML. Quizá resulte más agradable ver la documentación en formato HTML mediante el navegador Lynx. Puede utilizar cualquier navegador para visualizar la información; no obstante, Lynx se puede ejecutar desde la línea de comandos y es extremadamente rápido. La versión en HTML de la documentación HOWTO se encuentra en el directorio /usr/doc/HOWTO/other-formats/html.

Por ejemplo, para visualizar el archivo 3Dfx-HOWTO en formato HTML, se podría utilizar el comando:

```
>lynx /usr/doc/HOWTO/other-formats/html/3Dfx-HOWTO.html
```

El navegador Lynx basado en texto carga y visualiza la versión en formato HTML del documento HOWTO sobre 3Dfx.

DISTINTOS FORMATOS

La documentación puede venir en otros formatos distintos del formato de texto legible o el formato HTML. Si encuentra un archivo con la extensión .ps, .eps o alguna otra, y que no resulte fácilmente legible, consulte el apartado "Otros formatos de archivo", en el Capítulo 7.

Otras fuentes de información

Linux está creciendo de forma rápida y, del mismo modo, están aumentando los recursos que ofrecen ayuda e información. Si se busca información sobre Linux en cualquier buscador, se encontrarán miles de sitios web en los que se ofrece información sobre el tema. A continuación se incluyen algunos sitios web y grupos de noticias que podrían servirle como punto de partida para su búsqueda.

La página principal de Linux

La página principal de Linux es un punto de partida excelente para cualquier tema relacionado con el sistema operativo. Se incluyen vínculos con fabricantes, aplicaciones, eventos y otros materiales de utilidad sobre Linux. Puede visitar la página principal en la dirección **http://www.linux.org/**.

El Proyecto de documentación Linux

El Proyecto de documentación Linux (LDP, *Linux Documentation Project*) incluye información sobre Linux que se actualiza de forma continua. El Proyecto de documentación Linux contiene archivos FAQ (*Frequently Asked Questions*, preguntas más frecuentes), archivos HOWTO y otra documentación relacionada con la instalación y el mantenimiento de sistemas basados en Linux. Quizá ya tenga instalada una copia de LDP en su sistema, en el directorio /usr/doc/LDP. No obstante, si desea consultar información más actual, puede consultar la referencia en línea de LPD en la dirección http://sunsite.unc.edu/LDP/.

Grupos de noticias

Los grupos de noticias constituyen una forma menos estructurada de encontrar información, pero resulta sorprendente cuánta ayuda se puede llegar a obtener de absolutos desconocidos. Necesite lo que necesite, siempre hay un grupo de noticias Linux que le ofrecerá una respuesta. Para empezar, eche un vistazo a los siguientes:

- comp.os.linux.answers
- comp.os.linux.setup
- comp.os.linux.misc

El sistema de ayuda de KDE

Si utiliza el entorno KDE en la mayor parte de su trabajo diario, le encantará saber que esta interfaz tiene su propio sistema de ayuda HTML perfectamente integrado en el entorno KDE.

TODO TIPO DE SUGERENCIAS

Si no desea usar el sistema de ayuda completo, las **sugerencias** de la interfaz gráfica KDE pueden serle de ayuda. Las sugerencias son pequeños fragmentos de información que aparecen en la pantalla cuando se sitúa el cursor sobre un icono o un elemento de menú. No todas las aplicaciones permiten el uso de sugerencias, pero si no sabe para qué sirve algún elemento, sitúe el cursor sobre él y observe si aparece algún tipo de información.

Todas las aplicaciones tienen su propio menú de ayuda diseñado de acuerdo con la especificación de la interfaz KDE, que mantiene la coherencia entre todas las aplicaciones de KDE.

Para acceder al visor de ayuda desde una aplicación, seleccione la opción Contents (contenido) en el menú Help (ayuda). En la Figura 2.1 se muestra la ayuda disponible en la aplicación Karm, el administrador de información personal de la interfaz gráfica KDE.

El visor de ayuda de la interfaz KDE es un visor HTML en toda regla. Se puede navegar por los archivos de ayuda haciendo clic en los vínculos, al igual que se hace en cualquier navegador web.

CONSEJO SOBRE EL NAVEGADOR

Como la ayuda y el navegador de archivos de la interfaz KDE constituyen, en realidad, un navegador HTML, se puede usar el navegador del entorno KDE para visualizar cualquier tipo de documentación HTML sobre Linux. Para ello, hay que introducir el URL del archivo que se desea visualizar en la parte superior de la ventana del navegador y pulsar la tecla Intro.

Resumen

Linux dispone de muchos recursos de ayuda. Según sus necesidades, puede buscar información de muchas maneras. Los métodos que ya debería conocer son los siguientes:

- **Las páginas del manual de Linux.** Mediante el comando man se visualiza toda la información sobre un determinado comando. Utilizando los comandos apropos, man -k, man -f y whatis se puede visualizar

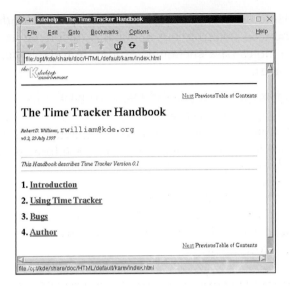

Figura 2.1
La interfaz KDE dispone de un sistema de ayuda integrado en formato HTML.

información resumida y buscar un determinado tipo de comando.

- **Ayuda incorporada.** Muchos programas disponen de una ayuda incorporada que puede visualizarse mediante un argumento de línea de comandos, normalmente -help o -h.

- **Directorio /usr/doc.** La documentación acerca de muchos programas y tareas se encuentra en el directorio /usr/doc. Este directorio también contiene información en formato HTML.

- **Recursos en línea.** La página principal de Linux y LDP constituyen excelentes puntos de partida para sumergirse entre las montañas de información acerca de

Linux que se puede encontrar en línea. Los grupos de noticias comp.os.linux también resultan extremadamente útiles para encontrar respuestas a preguntas complicadas.

- **Sistema de ayuda del entorno KDE.** El entorno KDE ofrece una ayuda incorporada excelente para la mayor parte de sus aplicaciones. Para acceder a esta ayuda, hay que seleccionar la opción Contents (contenido) en el menú Help (ayuda) que se incluye en cada aplicación.

La interfaz gráfica de usuario

3

En este capítulo, el lector aprenderá los fundamentos de la interfaz gráfica de usuario X Windows y toda la información necesaria para poder empezar a configurar y personalizar el entorno.

Aunque se puede acceder a Linux mediante una interfaz de línea de comandos desde la consola, existe una forma más sencilla de hacerlo. Además de la interfaz de línea de comandos, están disponibles varias interfaces gráficas de usuario (Graphical User Interface, GUI). Algunas de estas interfaces son propietarias, pero la mayoría cumplen con una interfaz de estándar abierto llamada X Window System o X Windows. Algunos fabricantes han ampliado el estándar X Windows incluyendo mejoras propias, por lo que algunas partes de la interfaz pueden ser incompatibles con la visualización remota en otros sistemas Linux y UNIX. No obstante, los principios generales son similares y, si se sabe utilizar una interfaz, es fácil utilizar el resto. Si es capaz de aprender X Windows bajo el sistema operativo Linux, no debería tener ningún problema al aplicar esos conocimientos a otros sistemas UNIX comerciales.

Fundamentos de X Windows

A diferencia de los entornos de Macintosh y MS-Windows, X Windows es un sistema que ofrece un conjunto de funciones de visualización de interfaz. Linux distribuye de forma gratuita X Windows, bajo el nombre de XFree86. Actualmente dicha versión incluye la última revisión de X Windows, la 6.2, y permite utilizar casi todas las tarjetas de vídeo disponibles para la plataforma Intel.

¿CÓMO IDENTIFICAR LA VERSIÓN?

Para hacer referencia a X Windows se utiliza X#, siendo # el número principal de revisión, o bien X#Rn, siendo # el número principal de revisión y n el número de revisión secundario. En el momento de escribir estas líneas, X11R6 es la última versión, pero normalmente se denomina únicamente X11, o bien X.

X Windows ofrece facilidades a los programas para visualizar ventanas, botones y otros elementos de interacción con el usuario. La interfaz se implementa como un tipo de programa servidor que se ejecuta en la computadora. Los programas cliente que requieren hacer uso de las funciones de visualización de X Windows se ponen en contacto con el servidor y le solicitan que realice determinadas funciones de visualización. No importa si la aplicación cliente y el servidor se están ejecutando en la misma computadora o si les separan miles de kilómetros de red: el cliente solicita la visualización y el servidor intenta proporcionarla.

Otra diferencia que existe entre los sistemas de ventanas de las computadoras de sobremesa y X Windows es el hecho de que el aspecto y el estilo de la interfaz están controlados por un programa distinto del propio servidor de X Windows. En el modelo de X Windows, el servidor X se encarga de responder a las solicitudes de visualización, como, por ejemplo, las solicitudes de visualización de ventanas. Salvo que un cliente dibuje una barra de título por sí mismo, X no proporciona ninguna. Para crear barras de título y para gestionar las interacciones con el usuario (mover ventanas, iconizar y minimizar ventanas o proporcionar a las aplicaciones la funcionalidad de organización de ventanas), se tiene que ejecutar un programa distinto.

Cómo iniciar X Windows

En muchas máquinas Linux, tanto el usuario como el administrador del sistema pueden haber configurado X de forma que se inicie automáticamente al arrancar la computadora. Si en su sistema no se inicia X de forma automática, deberá arrancarlo de forma manual una vez iniciada la sesión. Para ello, se puede utilizar el programa **xinit** o el *script* de *shell* **startx**. Startx (así como sus variantes) es normalmente un *script* que automatiza algunas de las llamadas a **xinit** y es un buen lugar por el que comenzar la exploración si tiene curiosidad por saber cómo se utiliza el sistema y qué opciones están disponibles. En el Capítulo 14, "*Scripts de shell* básicos", se describen los *scripts* de *shell*.

Una vez iniciado el propio servidor X, es necesario iniciar algunas aplicaciones X. Normalmente, se inician varias aplicaciones predeterminadas mediante la ejecución automática del archivo .xinitrc, situado en el directorio principal. Algunas versiones de distribución de Linux no utilizan este archivo. No obstante, el administrador del sistema siempre puede modificar la configuración predeterminada. Si no encuentra el archivo .xinitrc, observará que el sistema recuerda "automáticamente", de una sesión a otra, qué ventanas ha abierto y dónde están situadas.

El archivo .xinitrc (si existe) contiene una serie de líneas parecidas a las siguientes:

```
#!/bin/sh
xrdb -load $HOME/.X11defaults
xscreensaver -timeout 10 &
xterm -geometry 80x30+10+10 &
```

Si, al iniciar X11, éste era su archivo .xinitrc, ocurrirá lo siguiente:

- **Línea 1.** Se ejecuta el propio archivo mediante el *shell* de Bourne, **sh**.

- **Línea 2.** Se carga la base de datos de recursos del servidor (que se explica más adelante, en esta lección) desde el archivo .x11defaults situado en el directorio principal.

- **Línea 3.** Se inicia el comando **xscreensaver** con un tiempo de inactividad de diez minutos y luego se coloca en segundo plano.

- **Línea 4.** Se inicia un **xterm** (terminal), con 80 caracteres de ancho y 30 caracteres de alto y se sitúa a 10 *pixels* de las partes superior e izquierda de la pantalla.

Más adelante, en esta lección, se verán más ejemplos de opciones de línea de comandos para los programas X.

Utilización de X Windows

El aspecto y estilo de X Windows dependen, sobre todo, del administrador de ventanas que se haya decidido ejecutar. En esta lección aprenderá más acerca de los administradores de ventanas y algunas de sus opciones. Es probable que encuentre ciertas funciones similares entre los distintos administradores de ventanas. Y, si alguna vez ha utilizado una computadora con ratón, algunas de estas funciones le resultarán familiares: por ejemplo, señalar, hacer clic, arrastrar y colocar. Sin embargo, hay algunos administradores de ventanas que pueden resultar nuevos para los usuarios que estén acostumbrados a los entornos de Macintosh y MS-Windows. Las características más importantes que se deben recordar son:

- **X está diseñado para utilizar un ratón de tres botones.** En la mayoría del software X se utiliza el botón izquierdo del ratón para señalar, hacer clic y seleccionar. El botón central se utiliza para las funciones generales de X11, como mover o cambiar el tamaño de las ventanas. Y el botón derecho se utiliza para funciones específicas de cada aplicación, como abrir menús emergentes dentro de la misma. No obstante, una aplicación siempre puede cambiar estas funciones, por lo que conviene consultar la documentación. Si sólo dispone de un ratón de dos botones, no se preocupe, ya que Linux le permite configurar un ratón de dos botones de forma que se pueda emular un tercer botón al hacer clic con los dos botones al mismo tiempo.

- **En X existe el concepto de foco de entrada.** En las plataformas de Macintosh o MS-Windows, si se escribe algo en el teclado, normalmente se espera que dicha información aparezca en la ventana o en el cuadro de diálogo que esté en primer plano, en ese momento, en la pantalla. En X Windows no es así. En X, el administrador de ventanas tiene la opción de dirigir la entrada a cualquier sitio que elija. La mayor parte de los administradores de ventanas se pueden configurar para que la entrada aparezca en la ventana de primer plano, en una ventana seleccionada (X no es siempre la ventana de primer plano) o en la ventana en la que esté situado el cursor. Aunque quizá le resulte extraño en comparación con la interfaz de otros entornos, normalmente la última opción es la más potente. Si el administrador de ventanas está configurado para que la entrada aparezca donde está situado el cursor, se pueden introducir datos desde el teclado en una ventana que esté prácticamente oculta (por ejemplo, para iniciar un programa no interactivo), situando el cursor sobre cualquier parte visible de la ventana casi oculta y escribiendo en el teclado. No es necesario perder tiempo situando dicha ventana delante, introduciendo el comando y volviendo a colocarla detrás de la ventana en la que realmente se quiere trabajar.

¿QUÉ HACER SI DESAPARECEN LOS DATOS?

Si está tecleando y observa que lo que está escribiendo no aparece donde debería, es muy posible que el foco de entrada esté situado en cualquier otra ventana. Asegúrese de que el cursor está donde debe estar o, si su sistema está configurado de tal forma que hay que hacer clic para asignar el foco, cerciórese de que ha hecho clic en la ventana donde desea introducir la información. Es muy fácil confundirse cuando uno utiliza plataformas con distintos métodos de asignación del foco de entrada.

En X, el administrador de ventanas o cualquier otro programa puede asociar comandos arbitrarios a acciones arbitrarias del usuario. Por ejemplo, cuando un usuario hace clic con el botón derecho en la barra de título, un programa determinado puede ejecutar la acción de visualizar un menú. El administrador de ventanas podría abrir distintos menús cuando el usuario haga clic con el botón izquierdo, derecho o central en un fondo vacío del sistema de ventanas (o bien cuando haga clic con el botón izquierdo, derecho o central mientras mantiene pulsada la tecla Mayús). Un conocido programa de terminal, **xterm**, está configurado de forma que se abren menús cuando el usuario mantiene pulsada la tecla Ctrl mientras hace clic con el botón izquierdo, derecho o central en la ventana. Algunos administradores de ventanas asocian un menú estándar, con comandos comunes como **Close** (cerrar) o **Resize** (cambiar tamaño), a la barra de título de cada aplicación. Otros asocian estas funciones a menús emergentes o botones de la barra de título. Incluso existen diferencias entre las distintas versiones de Linux; ya que las opciones de configuración pueden influir de forma significativa en la interfaz. El mejor consejo sobre cómo encontrar cualquier opción o comando es leer la documentación disponible y preguntar a otros usuarios.

La mayor parte de los administradores son capaces de **iconizar** o minimizar ventanas. Puesto que la visualización de las ventanas del programa cliente no es responsabilidad del propio cliente, el servidor X y el administrador de ventanas pueden contribuir de forma útil a la experiencia del usuario: por ejemplo, cuando el cliente solicita una ventana con unas características determinadas, el servidor no está obligado a representar la ventana tal y como la define el usuario. Sólo es necesario que la trate como si, efectivamente, tuviera tales características, lo que, por ejemplo, permite al servidor ampliar la ventana de forma arbitraria o minimizarla y tratarla como un icono. Si está acostumbrado a la idea de una barra de tareas o a organizar las ventanas de las aplicaciones, puede pensar en los iconos de ventanas como ventanas que se han minimizado, pero que se pueden situar en cualquier lugar de la pantalla.

Cómo configurar X Windows

La mayor parte de la configuración de X Windows la lleva a cabo una base de datos de recursos del servidor. Cuando un cliente solicita algo del servidor, éste consulta esta base de datos para determinar las preferencias de usuario para ese cliente. La base de datos de recursos del servidor se carga específicamente para cada usuario mediante el comando **xrdb**, que debería ejecutarse de forma automática al iniciar X11. El comando **xrdb** carga la información de configuración desde un archivo de punto, llamado normalmente .Xdefaults. Los archivos de punto se explican en el Capítulo

16, "Cómo modificar el entorno de usuario". El archivo .Xdefaults contiene líneas similares a las siguientes:

```
xbiff*onceOnly:         on
xbiff*wm_option.autoRaise: off
xbiff*mailBox:          /usr/spool/mail/mymail
```

Si incluyera estas líneas en su archivo .Xdefaults, estaría diciéndole al servidor X que si **xbiff** (un programa de X11 que avisa cuando se tiene correo) se inicia, es necesario establecer ciertas opciones.

Línea 1. Establece una opción específica de **xbiff** relacionada con la frecuencia con que se avisa.

Línea 2. Especifica una opción relacionada con el tratamiento que el administrador de ventanas da a **xbiff**. Concretamente, le dice al sistema que, si **xbiff** se encuentra detrás de otras ventanas y necesita dar un aviso al usuario, no lo coloque en primer plano. Recuerde que X11 se encarga de la visualización y que un programa distinto se encarga de gestionar elementos tales como el control de las ventanas.

Línea 3. Le dice a **xbiff** dónde encontrar el buzón de correo en el que tiene que mirar.

Como cada cliente dispone de distintas opciones y concede al administrador de ventanas distintos niveles de control, es necesario consultar la documentación de cada cliente para saber qué se puede configurar y qué se necesita para configurarlo.

Además de la base de datos de recursos del servidor, con frecuencia, los clientes disponen de opciones de línea de comandos que pueden controlar la interacción entre el cliente y X11. Por ejemplo, inicie un terminal **xterm** con el siguiente comando:

```
> xterm -fg "black" -bg "white" -fn 6x10 -geometry 85x30+525+1
```

Además de iniciar un terminal **xterm**, el color frontal se configura como negro y el color de fondo, blanco (texto negro sobre una ventana blanca). Asimismo, se le indica al sistema que utilice una fuente de 6x10 puntos. También se establece la información geométrica, como que la ventana mide 85 caracteres de ancho y 30 caracteres de alto y esté situada a 525 *pixels* del borde izquierdo de la pantalla y a 1 *pixel* de la parte superior de la misma.

Una vez más, hay que señalar que cada programa dispone de unas opciones distintas y que la mejor forma de obtener información actualizada sobre la configuración exacta es consultar la documentación disponible.

Administradores de ventanas

Puesto que X Windows sólo ofrece funciones básicas de visualización de componentes de la interfaz de usuario, es necesario un programa adicional que proporcione una interfaz de usuario útil. Este programa es el administrador de ventanas. Según la versión de distribución de Linux que se esté ejecutando, se dispondrá de más o menos opciones en cuanto al administrador de ventanas. Cada uno de ellos ofrece características ligeramente distintas, con sus correspondientes ventajas y desventajas.

twm

Uno de los administradores de ventanas más habituales y con menos funciones es **twm**. Este administrador, que aparece en la Figura 3.1 gestionando la visualización, proporciona funciones de administración de ventanas muy básicas. Afortunadamente, se incluye en casi todas las implementaciones de Linux. Si trabaja en un entorno multiplataforma con distintas versiones de Linux o UNIX, puede que le convenga **twm**, puesto que la configuración puede ser idéntica en todas las computadoras. Debido a su simplicidad, el administrador

twm también ofrece, de entre todos los administradores de ventanas, una de las interfaces con más posibilidades de ser ampliada por el usuario. Si lo desea, puede crear sus propios botones predeterminados para que aparezcan en la barra de título del administrador **twm** y ejecuten comandos arbitrarios. También puede crear sus propios menús emergentes, ejecutar de forma automática comandos cuando el cursor entra en las ventanas, personalizar los colores y las acciones del administrador de ventanas según el nombre y el tipo de aplicación, y personalizar otros muchos elementos. Para iniciar el administrador de ventanas **twm**, ejecute el comando **twm** una vez iniciado X (puede hacer esto de forma automática mediante el archivo .xinitrc). El archivo de control para todas las personalizaciones se denomina .twmrc y debería estar situado en el directorio principal.

Tal y como se puede observar en la Figura 3.1, el administrador de ventanas **twm** le permite tener abiertas varias ventanas al mismo tiempo. Si están abiertas varias ventanas, aun en el caso de que las ventanas estén parcialmente cubiertas unas con otras, se puede situar el foco de entrada en las ventanas ocultas, lo que permite trabajar con cualquier ventana abierta. Las aplicaciones activas que se han iconizado se pueden restaurar haciendo clic en el icono correspondiente.

Otros administradores de ventanas

Entre los administradores de ventanas que se pueden encontrar destacan:

- **mwm.** El administrador de ventanas Motif. Muchos administradores de ventanas comerciales se basan en **mwm** o tratan de imitarlo.

- **4dwm.** El administrador de ventanas predeterminado para las máquinas SGI en las que se ejecuta IRIX.

Iconos de aplicaciones activas   Barra de título de twm

Botones de iconización-cambio   Botones definidos por el usuario
de tamaño de botones

Figura 3.1
Gestión de una sesión de X Windows mediante el administrador de
ventanas twm.

- **twtwm.** Una extensión experimental de **twm** que incluye la opción de configurar pantallas virtuales.

- **afterstep.** Un conocido administrador de ventanas de
Linux que imita el aspecto y estilo del sistema operativo NeXT.

- **fvwm95.** Nadie se pone de acuerdo en qué significa la
f, pero este administrador de ventanas es casi idéntico
a Windows 95/98/NT.

Existen muchos otros administradores de ventanas y lo más seguro es que su computadora disponga de varios. Una vez investigadas sus opciones, puede empezar a crear un entorno personalizado que tenga el aspecto que desee y se comporte como usted decida.

Debe recordar que el administrador de ventanas le ofrece funciones de interfaz de usuario como las barras de título. Si su pantalla tiene el aspecto de la que se muestra en la Figura 3.2, se debe a que no está funcionando ningún administrador de ventanas (o bien no se ha iniciado, por alguna razón, o bien se ha detenido). Puede intentar abrir una ventana tecleando twm, si hay alguna ventana de terminal abierta que acepte una entrada de teclado (el dirigir la información que se teclee a una ventana determinada también es función del administrador de ventanas). Si no, tendrá que salir del sistema X Window y modificar los archivos de inicio para que arranque el administrador de ventanas seleccionado inmediatamente después de inciarse el servidor X.

Entornos de escritorio

Tradicionalmente, los administradores de ventanas sólo se han utilizado para gestionar la pantalla del usuario. Sin embargo, está surgiendo un nuevo tipo de aplicación que no sólo funciona como un administrador de ventanas en el sentido habitual, sino que también ofrece funciones adicionales al usuario. Estos entornos de escritorio suelen ofrecer una gestión de ventanas sofisticada y un tipo de escritorio que recuerda al de la interfaz de MS-Windows o de Macintosh. El escritorio suele incluir funciones de gestión de archivos, posibilidades de crear y utilizar iconos para ejecutar aplicaciones y una serie integrada de herramientas gráficas para gestionar y configurar la computadora.

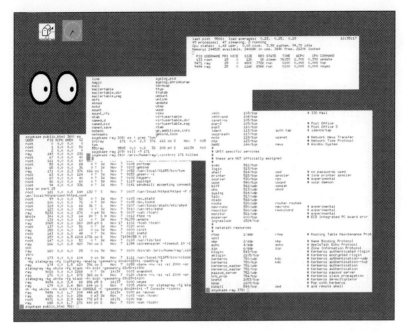

Figura 3.2
En esta sesión de X Windows no funciona el administrador de ventanas.

Los fabricantes de Linux intentan hacer que sus sistemas resulten más cómodos de usar. Por ello, es probable que estos entornos de escritorio se hagan más sofisticados. Pero, incluso hoy día, la potencia y la simplicidad de los entornos de Linux se asemejan cada vez más a las de las conocidas interfaces de las computadoras de sobremesa.

Mientras que grandes empresas, como Sun o SGI, están pisando fuerte con ofertas significativas, como OpenWindows y el escritorio IRIX, una de las mayores contribuciones ha sido el producto KDE, de distribución gratuita, resultado de un esfuerzo en equipo realizado en Internet sin fines lucrativos. KDE es un entorno de escritorio que se puede descargar de forma gratuita en Internet y que es compatible con muchas distribuciones de Linux.

KDE

Las siglas KDE significan *K Desktop Environment* (Entorno de Escritorio K) y, según los propios creadores, K no significa nada. El entorno KDE sigue desarrollándose y en los últimos dos años se ha convertido en un entorno muy flexible y atractivo para los usuarios de Linux. Algunas versiones de distribución de Linux, como OpenLinux de Caldera, incluyen el entorno KDE.

COMPATIBILIDAD

Según el archivo FAQ del entorno KDE, la interfaz gráfica KDE es actualmente compatible con Linux, Solaris, FreeBSD, IRIX y HP-UX, y se espera que sea compatible con cualquier sistema que utilice el compilador gnu gcc.

El entorno KDE ofrece un administrador de ventanas sofisticado con útiles ampliaciones, como varias ventanas virtuales, menús personalizables y una opción para que el sistema recuerde, de una sesión a otra y de forma automática, los programas y su situación en la pantalla.

Además, la interfaz gráfica KDE ofrece un entorno de escritorio que incluye, entre otras cosas, iconos para archivos y directorios, una barra de tareas y una barra de botones de ejecución rápida. Tal y como se puede observar en la Figura 3.3, la interfaz de usuario que ofrece el entorno KDE es significativamente más agradable para el usuario que las interfaces de twm y de otros administradores de ventanas habituales.

Veamos algunas de las funciones de la ventana KDE:

- **Lista de ventanas de KDE.** Muestra una lista de todas las ventanas disponibles en ese momento, incluso en el caso de que se encuentren totalmente ocultas.

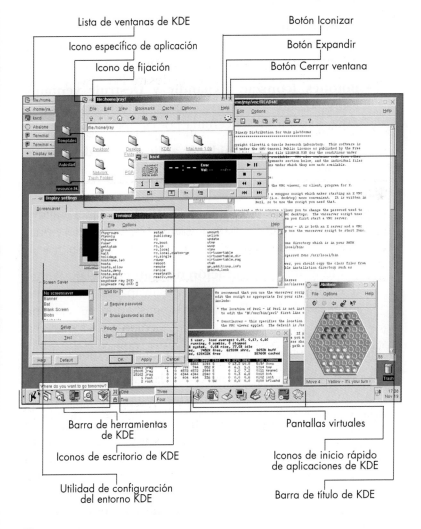

Figura 3.3
El entorno KDE hace que X Windows resulte más agradable.

- **Icono específico de aplicación.** Es el icono situado en el extremo izquierdo de la barra de título. Sus funciones son específicas de la aplicación que esté asociada a esa ventana.

- **Icono de fijación.** Este botón bloquea la ventana en la pantalla y permite que esté disponible en cualquier pantalla virtual a la que se acceda.

- **Botones Iconizar, Expandir y Destruir ventana.** Estos botones permiten controlar la ventana: minimizarla, maximizarla o cerrarla por completo.

- **Iconos de inicio rápido de aplicaciones de KDE.** Si se hace clic sobre ellos, se puede acceder directamente a los programas que más se usen.

- **Barra de herramientas de KDE.** Este panel incluye menús emergentes para iniciar programas, seleccionar ventanas y configurar el entorno.

- **Utilidad de configuración del entorno KDE.** Permite controlar elementos como el salvapantallas, la configuración de pantalla, etc.

- **Iconos de escritorio de KDE.** Estos iconos "habitan" en el escritorio y representan a archivos, directorios o aplicaciones.

Además de presentar una interfaz de usuario más sofisticada, el entorno KDE ofrece una serie integrada de herramientas para configurar la computadora y la interfaz de usuario, así como un conjunto de útiles interfaces del tipo "señalar y hacer clic" para programas y utilidades generales de Linux. Algunas de estas utilidades se tratarán en lecciones posteriores. Por tanto, si ya está usando algún entorno de escritorio, consulte estas lecciones para saber de qué modo el entorno KDE y, en general, cualquier entorno de escritorio pueden facilitarle la tarea.

Si desea que el sistema operativo Linux se asemeje al entorno que se utiliza en cualquier equipo de sobremesa, solicite a su administrador que compruebe si el KDE está instalado en su sistema. En la página web del entorno KDE, en la dirección http://www.kde.org, puede descargar el KDE y otros programas asociados.

Resumen

En este capítulo ha aprendido los fundamentos del sistema X Window y cómo personalizarlo. Existen cientos de aplicaciones X Windows instaladas en cualquier versión de distribución básica de Linux. Si entiende el funcionamiento de X Windows, podrá sacar partido de estas herramientas gráficas.

- **X Windows está basado en un modelo cliente-servidor.** El cliente se puede ejecutar donde se desee y efectúa solicitudes de visualización. El servidor se ejecuta en la computadora donde reside la pantalla de visualización e intenta responder a las solicitudes.

- **El sistema X Windows requiere la utilización de un administrador de ventanas que se encargue de implementar elementos de la interfaz de usuario como las barras de título.**

- **Los ratones en X Windows se pueden comportar de forma extraña.** Si no funciona la primera vez, haga clic de nuevo hasta conseguir su objetivo.

- **X Windows puede dirigir la entrada de teclado hacia las ventanas de diferentes formas.** Preste atención a la ubicación del cursor.

- **El advenimiento de los entornos de escritorio ha hecho que aparezcan iconos de aplicaciones en el mundo de X Windows.**

A pesar de toda la potencia de los entornos de escritorio y toda la automatización de los administradores de ventanas más recientes, sus configuraciones suelen estar almacenadas en horribles archivos de texto en el directorio principal. El software del entorno KDE guarda la mayor parte de su configuración en archivos almacenados en el directorio .kde, dentro del directorio principal. Si desea copiar el entorno de una computadora a otra, éste es un buen lugar por donde empezar a hacerlo.

Cómo navegar por el sistema de archivos de Linux

PARTE

II

El sistema de archivos

4

En este capítulo, el lector aprenderá los fundamentos del sistema de archivos de Linux y algunos trucos que facilitan el uso del sistema operativo Linux.

Para quien no lo conoce, el sistema de archivos de Linux puede parecer un lugar extraño y poco atractivo, en el que hay demasiados archivos y únicamente una línea de comandos en la que el usuario puede escribir. Pero no es tan difícil como parece. Aunque el acceso al sistema de archivos de Linux puede parecer críptico y primitivo al principio, Linux proporciona un acceso y un control de archivos extremadamente sofisticado. Esta sofisticación se deriva de sus numerosos y sencillos comandos con los que se pueden, combinándolos, crear comandos más complejos.

Diseño del sistema de archivos

Antes incluso de comprender los comandos más sencillos, es necesario entender algunas nociones sobre el diseño del sistema de archivos de Linux. Puede que esto no parezca muy importante desde el punto de vista de la experiencia del usuario, pero el sistema de archivos de Linux es ligeramente diferente a los sistemas de archivos de las computadoras de sobremesa a los que el lector puede estar acostumbrado. Y quizá le acaben gustando las principales diferencias.

Los sistemas de archivos de Linux tienen un único directorio raíz. A diferencia de los sistemas de archivos de Macintosh, con sus múltiples iconos de unidad en el escritorio, o los sistemas de archivos de Windows, con sus unidades A, B o C, el sistema de archivos de Linux tiene un único directorio principal: el **directorio raíz.** Debería imaginarse los archivos de Linux como si estuvieran colocados en forma de árbol, con el directorio raíz como tronco. El directorio raíz puede contener archivos y otros directorios, mientras que los directorios de segundo nivel pueden contener más archivos y más directorios, y así sucesivamente.

LOS SIGNIFICADOS DE LA PALABRA "RAÍZ"

Linux utiliza la palabra **raíz** para describir dos conceptos distintos. Uno es el concepto de usuario raíz (usuario root): la persona con control absoluto sobre todo lo que tiene que ver con la máquina. Y el otro es el concepto de directorio raíz: un directorio específico de una máquina que se considera la **base** del sistema de archivos.

No tiene por qué preocuparse de dónde se encuentra cada unidad. ¿Dónde se encuentran las otras unidades, si no están designadas mediante una letra o iconos? Con Linux, simplemente aparecen como directorios situados en cualquier lugar del sistema de archivos. Puede parecer extraño, pero no lo es. En Linux el usuario no tiene que preocuparse del hardware ni de la ubicación física de los archivos. Es posible que tarde un tiempo en acostumbrarse, pero una vez que lo haga, verá que no tiene sentido que el usuario tenga que preocuparse del lugar en el que se encuentra un archivo físicamente. Si conoce el nombre del archivo y su ubicación en el sistema de archivos, ¿por qué razón hay que preocuparse por ese trozo de metal oxidado (que es, por cierto, el material del que está formado el disco duro) en el que se encuentra? Si lo piensa, verá que este sistema tiene otras ventajas muy importantes. Por ejemplo, si el administrador del sistema descubre un día que no queda espacio libre en el disco para instalar nuevo software, puede reorganizar las unidades y los archivos con total transparencia. Puede trasladar todo aquello que se encuentre en un directorio sobrecargado a una nueva unidad y organizar la nueva unidad de tal forma que aparezca en el mismo lugar que el directorio antiguo. El usuario nunca notará la diferencia.

CÓMO MONTAR UNA UNIDAD

Se trata del proceso de comunicar al sistema de archivos que la unidad existe y en qué directorio debería aparecer. En la mayor parte de las versiones de Linux, los usuarios normales no pueden montar unidades, pero si tiene curiosidad por saber cómo se hace esto, o está trabajando en un sistema en el que se permite que los usuarios normales monten algunas unidades, debería preguntar al administrador del sistema qué unidades se pueden montar y cómo hacerlo.

No tiene por qué preocuparse de la ubicación de sus archivos. Otra ventaja es que el administrador del sistema puede hacer que los archivos, directorios y unidades que están ubicados físicamente en máquinas lejanas, parezcan formar parte del sistema de archivos de su computadora. La única diferencia que se puede apreciar al acceder a archivos que se encuentran en una máquina lejana es que el acceso puede ralentizarse, debido a la red. Esto significa que, si su sistema está configurado correctamente, independientemente de dónde se encuentre y de la computadora que esté utilizando, tanto si está en su oficina como en cualquier otro lugar del mundo, todos sus archivos aparecerán en el mismo lugar y el software estará donde espera que esté.

Aunque no le importe la ubicación de sus archivos, el usuario siempre se encontrará en algún lugar. Linux basa la mayor parte del concepto del entorno de usuario en el hecho de que el usuario "se encuentra en algún lugar", trabajando en un determinado directorio. Con la aparición de nuevas herramientas de entorno de escritorio gráfico, esta idea está dejando de ser universal, aunque sigue siendo útil recordarla al trabajar con Linux.

Los comandos y nombres de archivos distinguen las mayúsculas y las minúsculas. Esto puede resultar extraño tanto para los usuarios de Windows como para los de Macintosh: Linux interpreta literalmente lo que se escribe. En el papel, MiArchivo no es lo mismo que miarchivo; en Linux tampoco es lo mismo. Por ello, siempre hay que tener en cuenta si los nombres de los archivos y los comandos que se desean ejecutar van con mayúsculas o con minúsculas.

Los archivos tienen tres atributos. Linux concibe la idea de los atributos de archivo de una manera muy simple: los archivos son de lectura o de no lectura, de escritura o de no escritura, ejecutables o no ejecutables. Puede darse cualquiera de estas combinaciones, aunque algunas de ellas no son muy sensatas. Normalmente, los programas deberían ser de lectura y ejecutables; y los archivos de datos deberían ser de lectura y, posiblemente, de escritura. No obstante, Linux se toma al pie de la letra lo que el usuario decida: si se especifica que un archivo de datos es ejecutable, el usuario podrá tratar de ejecutar el archivo que contiene su listín telefónico, y si se determina que un programa es de escritura, Linux permitirá editarlo en el procesador de textos como si se tratara de un documento de texto legible, en lugar de un programa.

Todo tiene un propietario. Todos los archivos y directorios del sistema de archivos de Linux van acompañados de información en la que se detalla quién es el propietario de dicho archivo o directorio. El propietario de un archivo puede permitir o denegar el acceso a un archivo a otros usuarios o grupos de usuarios; asimismo, puede determinar si el archivo es ejecutable, de lectura o de escritura.

Ahora que ya conoce un poco más acerca de los objetos con los que van a trabajar los comandos, puede empezar a aprender todo lo necesario para utilizar Linux.

Cómo navegar por el sistema de archivos

Los comandos básicos para poder utilizar el sistema de archivos de Linux son los que sirven para desplazarnos por los directorios y para ver qué archivos contiene cada directorio. No obstante, antes de empezar a desplazarse por los directorios, el usuario debe saber dónde se encuentra.

¿Dónde se encuentra? pwd

El comando **pwd** (*present working directory*, directorio actual de trabajo) sirve para saber en qué directorio se encuentra el usuario en ese momento. Siempre que ejecuta una línea de comandos, el usuario se encuentra en algún lugar del sistema de archivos. Si introduce el comando **pwd**, sabrá exactamente dónde.

Por ejemplo:

```
> pwd
/priv/home/ray/public_html/
```

¿QUÉ ES UNA RUTA DE ACCESO?

/priv/home/ray/public_html/ es una **ruta de acceso**. Explicado de la manera más simple, una ruta de acceso es la serie más corta de directorios por la que tenemos que desplazarnos desde el directorio raíz, para llegar al archivo o directorio en el que estamos trabajando en ese momento. Cada uno de los directorios que aparecen en la ruta de acceso se separan mediante el carácter /.

El directorio principal

Para cada usuario existe un directorio determinado que es especial. Este directorio se denomina directorio principal (*home directory*). Desde el punto de vista de la navegación por el sistema de archivos, este directorio es idéntico al resto, pero es importante porque, al iniciar la sesión, el usuario parte de ese punto. Es de esperar, por tanto, que todo lo que se encuentre en su directorio principal, o por debajo de él, sea de su propiedad. Para facilitar el trabajo, Linux no le obliga a recordar la ruta de acceso a su directorio principal, sino que permite que se utilice el carácter ~ para acceder al directorio principal propio y ~<nombre de usuario>, para acceder al directorio principal de otro usuario.

Una vez que ya sabe dónde se encuentra, quizá quiera saber qué archivos posee.

Creación de un listado de archivos

En la práctica, Linux le permitirá obtener un listado de los archivos casi en cualquier lugar (excepto en los lugares a los que no tiene permiso para acceder; para obtener más información sobre los permisos, véase el Capítulo 19, "Permisos"), pero el lugar más sencillo para obtener un listado de los archivos es "éste" (el lugar donde se encuentra en este momento).

ls

El comando **ls** sirve para obtener un listado de los archivos. Si se ejecuta sin argumentos, el comando **ls** genera un listado de los archivos y subdirectorios que existen en el directorio actual (es decir, el comando **pwd**).

Por ejemplo:

```
> pwd
/priv/home/ray/public_html/
```

```
> ls
cgi_bin                 test.html
images                  vrml
index.html
```

Al ejecutar estos comandos, se muestra que la ruta de acceso del directorio actual es /priv/home/ray/public_html, y que este directorio contiene cinco elementos. Con este listado tan sólo se puede saber que cgi_bin, images y vrml son directorios, mientras que index.html y test.html son archivos.

NOCIONES BÁSICAS

En realidad, no es necesario ejecutar el comando pwd para utilizar el comando ls en este ejemplo. Se ha incluido para que el ejemplo fuera más claro. Si ya sabe en qué lugar del sistema de archivos se encuentra, no es necesario que la computadora se lo vuelva a decir.

Si desea obtener un listado de los archivos de otro directorio distinto del actual, como, por ejemplo, un listado de los archivos del directorio raíz, puede ejecutar el comando ls con una opción de directorio. Para ello:

1. Determine el nombre del directorio del que quiere obtener un listado.

2. Ejecute el comando ls seguido del nombre del directorio: ls_<nombre del directorio>.

Por ejemplo, si desea obtener un listado del contenido del directorio raíz /, debe ejecutar el comando:

```
> ls /
CDROM                   lib
bin                     priv
core                    tmp
dev                     vmlinux
etc                     usr
include                 var
```

En este caso, todos los elementos son directorios, excepto vmlinux, que es el elemento de software que constituye el corazón de Linux, y el archivo core, que es un archivo de error que, en realidad, debería eliminarse.

LOS NOMBRES DE LOS ARCHIVOS

No olvide que los nombres de los archivos de Linux y, por tanto, también los comandos, distinguen las mayúsculas de las minúsculas. Linux ordena alfabéticamente las mayúsculas antes de las minúsculas. Por esta razón, el archivo CDROM aparece antes del archivo bin.

¿Cómo se sabe que son directorios? Para ello, hay que ejecutar el comando ls junto con la opción -l (**long**, listado largo) con el fin de obtener más información en el listado.

Ejecute el comando ls -l <nombre del directorio>.

Por ejemplo:

```
total 20
lrwxr-xr-x    2 root    root    2048 Oct 21 07:46 bin ->
/usr/bin
drwxr-xr-x    2 root    root    1024 Oct 15 14:28 boot
-r--r--r--    2 root    root 8503728 Oct 21 07:43 core
-rwxr-xr-x    2 root    root 1382760 Oct 21 07:43 vmlinux
drwxr-xr-x    3 root    root   21504 Dec  2 16:56 dev
drwxr-xr-x   29 root    root    4096 Dec  2 17:05 etc
drwxr-xr-x   16 root    root    1024 Nov 25 18:10 home
drwxr-xr-x    4 root    root    2048 Oct 26 16:30 lib
drwxr-xr-x    2 root    root   12288 Jul 14 13:51 lost+found
drwxr-xr-x    2 root    root    1024 May  7  1998 misc
drwxr-xr-x    4 root    root    1024 Jul 14 14:47 mnt
drwxr-xr-x    7 root    root    1024 Sep 30 13:14 opt
dr-xr-xr-x    5 root    root       0 Dec  2 11:55 proc
drwxr-xr-x   20 root    root    2048 Dec  2 16:59 root
drwxr-xr-x    3 root    root    2048 Oct 21 07:47 sbin
drwxrwxrwt    5 root    root    2048 Dec  2 17:54 tmp
drwxr-xr-x   24 root    root    1024 Oct 26 19:13 usr
lrwxr-xr-x   19 root    root    1024 Oct 26 19:37 var ->
/usr/var
```

Puede que este listado parezca un poco complicado al principio, pero las partes que es importante que entendamos en este punto son bastante sencillas.

- En la primera línea se indica el número total de elementos de ese directorio; en este caso, 20.

- A continuación, aparecen varias líneas en las que se detalla el contenido del directorio, mostrándose una línea por elemento.

- Los 10 caracteres de aspecto aleatorio que aparecen en la parte izquierda de cada línea constituyen, en realidad, la información sobre los atributos de cada archivo. El primer carácter determina si esa línea hace referencia a un directorio (en cuyo caso el primer carácter es una d) o a un archivo normal (en cuyo caso el primer carácter es una a). Si es observador, se dará cuenta de que las líneas de bin y var empiezan con una l. Esto indica que se trata de **vínculos** o nombres alternativos para otros archivos o directorios (más adelante, en esta lección, explicaremos los vínculos más detenidamente). Los otros nueve caracteres son tres series de tres letras, que indican si el archivo es de lectura, de escritura y ejecutable para el propietario del archivo, para el grupo del archivo y para el resto de los usuarios. Estas propiedades (permisos, propietarios y grupos) se tratan con más detenimiento en el Capítulo 19.

- Después de estos 10 caracteres con información de permisos aparece un pequeño número al que no debe prestar atención y que se refiere al número de vínculos de un determinado archivo. Es un dato poco importante para casi todo el mundo, excepto para los fanáticos expertos de UNIX.

- En todas las líneas aparece root (raíz). Se trata del propietario del archivo o directorio. En este caso, el usuario **root** es propietario de todo lo que está en este directorio. A continuación, aparece el nombre del grupo al que pertenece el archivo. En este ejemplo, el grupo también es **root**.

• A continuación aparece un número, que, en ocasiones, es bajo y, en otras ocasiones, es alto. Se trata de la cantidad de espacio de disco que ocupa el archivo o directorio. En el caso de los directorios, no se trata del espacio que ocupan los contenidos del directorio, sino del espacio que ocupa el archivo de datos que controla el directorio. Este valor se mide en bytes. Tal y como se puede ver, los directorios ocupan muy poco espacio (aunque su contenido pueda ocupar mucho), mientras que el archivo vmlinux ocupa aproximadamente 1,4 MB y el molesto archivo core (que debería ser eliminado) ocupa 8,5 MB.

• Después del tamaño del archivo viene la fecha en que se modificó el archivo por última vez. Si el archivo se modificó durante el presente año, aparecerá la fecha y la hora; si no, aparecerá la fecha y el año.

• En último lugar aparece el nombre de archivo. Observará que los nombres de los archivos son idénticos a los nombres que aparecen en el listado del ejemplo anterior, exceptuando **bin** y **var**, que aparecen acompañados de un puntero que señala una ruta. Tal y como mencionamos anteriormente, éstos son nombres alternativos para otros directorios, y la flecha indica la ruta a la que están vinculados.

A estas alturas, es posible que se haya dado cuenta de que la línea **total** indica que este directorio contiene 20 elementos, pero sólo aparecen 18 en el listado. Esto se debe a que Linux, como cortesía, oculta algunos archivos de la vista del usuario, salvo que éste solicite lo contrario. De manera predeterminada, los archivos cuyos nombres comienzan con un punto (.) no se muestran. Normalmente, a los archivos de control y de configuración que pueden acabar recargando demasiado el listado del directorio se les da un nombre que empieza con un punto, para que el usuario no tenga que verlos durante su trabajo cotidiano. No obstante, si desea verlos, sólo tiene que pedirlo. En ese caso, utilice la opción all (todos) con el comando ls.

Por ejemplo:

```
>ls -all -a /
total 20
drwxr-xr-x   2 root    root       8 Oct 15 14:28 .
-rwx------   2 root    root      42 Oct 21 07:43 .login
lrwxr-xr-x   2 root    root    2048 Oct 21 07:46 bin ->
/usr/bin
drwxr-xr-x   2 root    root    1024 Oct 15 14:28 boot
-r--r--r--   2 root    root 8503728 Oct 21 07:43 core
-rwxr-xr-x   2 root    root 1382760 Oct 21 07:43 vmlinux
drwxr-xr-x   3 root    root   21504 Dec  2 16:56 dev
drwxr-xr-x  29 root    root    4096 Dec  2 17:05 etc
drwxr-xr-x  16 root    root    1024 Nov 25 18:10 home
drwxr-xr-x   4 root    root    2048 Oct 26 16:30 lib
drwxr-xr-x   2 root    root 12288 Jul 14 13:51 lost+found
drwxr-xr-x   2 root    root    1024 May  7  1998 misc
drwxr-xr-x   4 root    root    1024 Jul 14 14:47 mnt
drwxr-xr-x   7 root    root    1024 Sep 30 13:14 opt
dr-xr-xr-x   5 root    root       0 Dec  2 11:55 proc
drwxr-xr-x  20 root    root    2048 Dec  2 16:59 root
drwxr-xr-x   3 root    root    2048 Oct 21 07:47 sbin
drwxrwxrwt   5 root    root    2048 Dec  2 17:54 tmp
drwxr-xr-x  24 root    root    1024 Oct 26 19:13 usr
lrwxr-xr-x  19 root    root    1024 Oct 26 19:37 var ->
/usr/var
```

Observará que en el listado han aparecido dos nuevas líneas: una línea para un archivo que tiene el nombre "." y una línea para un archivo llamado .login. El archivo .login es un archivo de configuración típico de Linux y encontrará archivos como éste en cualquier directorio que use como directorio principal. El archivo "." no es tan habitual; no obstante, es bastante normal. El directorio "." existe en todos los directorios de los sistemas Linux y, básicamente, se trata de un sinónimo del directorio actual. Por ejemplo, si se ejecuta el comando ls y el comando ls ., se obtendrán los mismos resultados, ya que, de manera predeterminada, el comando ls crea un listado del directorio actual y "." es el directorio actual.

El directorio raíz / es el único que no tiene ningún directorio llamado "..". El directorio ".." es "el directorio que está situado por encima de éste". Por esta razón, si el directorio actual es /home/ray/public_html, el comando ls .. creará un listado de /home/ray.

El comando ls tiene más opciones, aparte de las que se han tratado aquí: opciones para clasificar o tabular los datos y opciones para añadir indicadores al listado "corto", con el fin de mostrar los atributos de archivo. Además de las opciones -l y -a explicadas anteriormente, también resultan muy útiles las siguientes opciones: -f, que indica los atributos del archivo, y la opción -r, que crea un listado recursivo de todos los archivos que se encuentran por debajo del directorio especificado.

Cómo cambiar directorios: cd

Ahora que ya sabe cómo averiguar dónde se encuentra y qué le rodea, es el momento de dar un paseo. Para desplazarse de un directorio a otro en Linux, es necesario utilizar el comando cd. Si desea desplazarse del directorio actual a otro directorio, siga estos pasos:

1. Determine dónde se encuentra en ese momento (para ello, utilice el comando pwd, si aún no sabe dónde está).

2. Elija el directorio al que le gustaría ir (por ejemplo, /usr/local).

3. Ejecute el comando **cd** seguido del nombre del directorio: **cd <nombre del directorio>**.

Por ejemplo:

```
> pwd
/home/ray/public_html
> cd /usr/local
> pwd
/usr/local
```

El último **pwd** muestra que /usr/local es el directorio actual, que es lo que se pretendía.

pushd y popd

Existe una forma más eficaz para cambiar de directorio: utilizar la **pila** de directorios.

PILA

En el campo de la informática, una pila es un tipo de almacenamiento de datos que coloca los datos de una forma muy parecida a cómo están los platos en una pila de platos. En una pila de platos, los platos sólo se pueden colocar o retirar de la pila por la parte superior y el último plato que se coloca es el primero que se retira. Las pilas de almacenamiento de datos funcionan exactamente del mismo modo. Los datos se colocan en la pila encima de los datos anteriores y se retiran de la pila dejando al descubierto los datos anteriores.

Si actualmente se encuentra en un directorio y desea cambiar a otro de forma temporal, puede ejecutar dos comandos **cd**; pero existe una forma más fácil de hacerlo: utilizar el comando **pushd**. Si ejecuta este comando, colocará el directorio actual en la pila de directorios y podrá así cambiar el directorio actual por el nuevo directorio. Cuando desee regresar al directorio anterior, debe ejecutar el comando **popd** para recuperarlo.

Si desea cambiar el directorio actual por otro y regresar al primero automáticamente, puede ejecutar los comandos pushd y popd de la forma siguiente:

1. Decida a qué directorio quiere ir.

2. Ejecute el comando pushd seguido del nombre del directorio: pushd <nombre del directorio>.

3. Ahora, se encontrará en el nuevo directorio y podrá trabajar en él todo el tiempo que quiera. El directorio anterior le espera en la pila de directorios.

4. Cuando haya terminado y desee volver al directorio anterior, ejecute el comando popd.

Por ejemplo:

```
> pwd
/usr/local
> pushd /var/log
/var/log /usr/local
> pwd
/var/log
```

... ahora puede trabajar aquí todo el tiempo que desee.

```
> popd
/usr/local
> pwd
/usr/local
```

Ya conoce casi todo lo que debe saber sobre la navegación por el sistema de archivos de Linux. No obstante, antes de seguir con otros temas, debería tener en cuenta una variación adicional.

Rutas de acceso absolutas y relativas

Hasta ahora, todas las rutas de acceso con las que hemos trabajado han sido rutas **absolutas**, es decir, rutas que partían del directorio raíz y terminaban en un nombre de archivo o de directorio. Cuando utilice Linux de forma habitual, verá que esto resulta molesto. Por esta razón, Linux ofrece también el concepto de ruta de acceso relativa. Las rutas de acceso relativas son "relativas" al directorio actual. Al añadir rutas de acceso relativas a la caja de herramientas del usuario, si el directorio actual es /usr/local/ y desea situarse en el directorio /usr/local/bin/, tiene la opción de ejecutar dos comandos **cd** distintos. Se puede ejecutar el comando **cd /usr/local/bin** o el comando **cd bin**; con cualquiera de los dos, seleccionará como nuevo directorio actual /usr/local/bin. También puede usar el elemento de directorio .., que ya hemos explicado anteriormente, como un componente de ruta de acceso relativa. Si, por ejemplo, se encuentra en /usr/local/bin y quiere situarse en /usr/local/lib, puede utilizar el comando **cd /usr/local/lib**, o bien el comando **cd ../lib**.

DIFERENCIAS ENTRE LAS RUTAS DE ACCESO

Todas las rutas de acceso absolutas deben empezar con el carácter "/". Sin embargo, ninguna ruta relativa empieza con este carácter.

A estas alturas ya debe saber cómo averiguar dónde se encuentra, qué archivos hay en qué directorios y cómo desplazarse por los distintos directorios. Ahora es el momento de aprender algunos trucos.

Expansión de archivos en un *shell*

Algunos programas *shell* (sobre todo, **tcsh** y **bash**) incluyen la opción de **expandir los nombres de archivo**. Básicamente, se trata de una forma de hacer que el *shell* escriba por usted. Si su *shell* admite esta característica, para utilizarla, sólo tiene que pulsar la tecla Tab una vez introducido el comienzo del nombre del archivo o del directorio (el comienzo debe ser lo suficientemente largo como para que el sistema identifique de manera unívoca el archivo del que se trata). Por ejemplo, si quiere editar un archivo preexistente llamado mybigfile.dat, que se encuentra en el directorio actual, podría ejecutar el comando emacs mybi y luego pulsar la tecla Tab. El programa emacs es un editor que se explica en el Capítulo 8, "Edición de textos". Si no existe ningún otro archivo que empiece con los caracteres mybi en el directorio actual, el *shell* completará el nombre del archivo de forma automática. Si existen otros archivos que empiecen con los caracteres mybi, el sistema emitirá un aviso acústico y, antes de pulsar de nuevo la tecla Tab, deberá introducir algún carácter más del nombre del archivo, para que el sistema lo identifique.

No olvide que todas estas técnicas se pueden utilizar de forma conjunta. Si está trabajando en el directorio /usr/local/bin y de repente se acuerda de que se ha olvidado de editar algunos archivos en el directorio /usr/local/myincludes, puede acceder a este directorio ejecutando el comando pushd ../myin y luego pulsando la tecla Tab. Y, para regresar, puede ejecutar el comando popd.

Cómo navegar por el sistema de archivos usando la interfaz gráfica KDE

Si no se siente cómodo utilizando la línea de comandos, le gustará saber que el entorno KDE ofrece una forma más agradable de navegar por el sistema de archivos. Al igual que en Windows 98, el sistema de administración de archivos de KDE se basa en la idea de que "todo es una página web". Cada una de las ventanas de administración de archivos incluye todas las funciones de una ventana normal del sistema operativo Windows o Mac, pero también es un navegador web completamente funcional. En lugar del modelo de doble clic al que quizá esté acostumbrado, en la interfaz KDE sólo es necesario hacer clic una vez para realizar las distintas acciones.

Acciones sencillas del entorno KDE

En KDE, los archivos se representan mediante iconos que, normalmente, indican el tipo de archivo del que se trata. Los directorios se muestran como carpetas. Hacer doble clic en un directorio equivale a ejecutar el comando cd para acceder a ese directorio desde la línea de comandos; se debería abrir una nueva ventana que muestre el contenido de ese directorio. En la Figura 4.1 aparece una ventana de administración de archivos de KDE.

CÓMO NAVEGAR POR LOS ARCHIVOS

Observe que la ventana de administración de archivos muestra el URL del directorio que se presenta en ese momento. Como cada ventana es un navegador web, puede introducir una dirección de Internet o FTP en el campo del URL, y KDE le llevará inmediatamente a ese destino (siempre y cuando, claro está, disponga de conexión a Internet).

Para mover o copiar archivos de un lugar a otro, puede arrastrarlos de una posición a otra. Una vez arrastrado el archivo a la posición de destino, aparecerá un menú emergente que le preguntará si desea copiar o mover los archivos; es un ejemplo de un **menú contextual**, que aparece cuando se realiza una acción en un contexto determinado.

Para borrar archivos, arrastre los archivos que desee eliminar al icono Trash (papelera). Haga clic en el icono con el botón derecho del ratón y seleccione la opción Empty Trash Bin (vaciar papelera) para completar la acción.

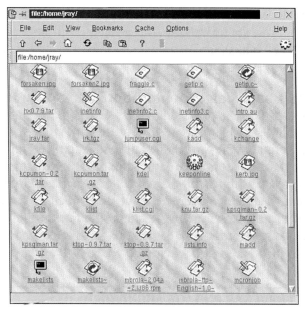

Figura 4.1
El entorno KDE tiene el mismo aspecto y funciona del mismo modo que otros conocidos entornos de escritorio.

Para crear carpetas nuevas, haga clic con el botón derecho del ratón en el lugar en el que desee que aparezca la carpeta, seleccione la opción **New** (nuevo) en el menú contextual emergente y la opción **Folder** (carpeta) en el submenú.

¿CÓMO VOLVER AL DIRECTORIO PRINCIPAL?

Si necesita volver al directorio principal en el entorno KDE, busque el icono de una carpeta con una casita en la parte superior. Al hacer clic en este icono, se abre una ventana de administración de archivos de KDE, en la que aparece su directorio principal.

Si dedica unos minutos a investigar el entorno KDE, verá que se trata de un entorno tan sencillo y elegante como los de los sistemas operativos de escritorio que existen en el mercado. Si ya ha trabajado con computadoras personales, puede que le resulte difícil de creer, pero en el mundo de Linux la mayor parte del software verdaderamente bueno lo han creado los usuarios, tiene un soporte de carácter colectivo, se basa en estándares abiertos y es completamente gratuito, lo que deja de lado a los grandes fabricantes de sistemas operativos.

Le queda mucho por conocer, así que, si está utilizando un sistema KDE, dedique unos cuantos minutos a examinar lo que hay a su alrededor y luego continúe con el Capítulo 5, "Búsqueda de archivos".

Resumen

Una de las habilidades básicas que debería practicar es la de navegar por el sistema de archivos de Linux. En este capítulo se han expuesto las técnicas básicas para trabajar en el sistema de archivos y en el entorno KDE. Si tiene algún problema con estas técnicas, es mejor que practique antes de pasar a la siguiente lección. Recordemos algunos de los puntos tratados en ésta:

- **Linux realiza una abstracción de la ubicación física de los datos.** No se preocupe de dónde se encuentran físicamente los datos y el software. Si su administrador del sistema hace bien su trabajo, esto no importa.

- **Linux diferencia entre mayúsculas y minúsculas.** Debe prestar atención a las mayúsculas y las minúsculas, sobre todo si transfiere archivos de una máquina Linux a una computadora personal.

- **Los archivos de Linux tienen atributos de lectura, escritura y ejecución.** Puede configurar los atributos de uno de sus archivos de forma que no se pueda ejecutar, ni modificar, ni leer, pero no es probable que quiera hacerlo.

- **El comando pwd le indica dónde se encuentra.**

- **El comando ls indica qué archivos hay en un directorio.**

- **El comando cd le lleva a cualquier ubicación.**

- **El comando pushd recuerda dónde se encontraba y el comando popd le hace regresar a la ubicación de origen.**

- **Use rutas de acceso relativas cuando sea posible.** Si el directorio de destino se encuentra cerca de su directorio actual, suele ser más cómodo utilizar una ruta de acceso relativa desde su directorio actual en lugar de utilizar la ruta de acceso absoluta desde /.

- **Recuerde que todas estas características y comandos también funcionan de forma conjunta.** En Linux, lo que se hace es combinar muchas pequeñas características y programas que ejecutan pequeñas partes del trabajo que se desea realizar, para formar una cómoda herramienta que funcione tal y como queremos.

- **Los entornos de escritorio pueden facilitar el trabajo.** En ellos se automatizan algunas de las tareas rutinarias habituales y proporcionan una interfaz más agradable para algunas de las tareas más difíciles. Si su sistema no dispone del entorno KDE, no se preocupe; es posible que se pueda instalar KDE (si es lo suficientemente amable con su administrador del sistema), o el sistema incluya un entorno de escritorio con características similares.

Búsqueda de archivos

En este capítulo, el lector aprenderá a utilizar algunas herramientas de búsqueda que incluye el sistema Linux para localizar archivos.

En el Capítulo 4, "El sistema de archivos", aprendimos cómo hacer un listado de los archivos contenidos en los directorios y cómo navegar de un directorio a otro. Quizá haya observado también que, en una versión de distribución estándar de Linux, existen muchos archivos. Es probable que, en algún momento, se encuentre en una situación en la que conoce el nombre de un archivo que desea usar, pero no sabe dónde está ubicado. En lugar de usar los comandos cd y ls para navegar por todo el sistema de archivos hasta encontrar el que busca, puede utilizar alguna de las utilidades de búsqueda de Linux, que le ayudarán a encontrar lo que necesita.

Búsqueda de archivos

Para localizar un archivo, es necesario saber algo sobre él: una parte del nombre, la fecha de creación o, quizá, su tamaño. Si se dispone de esta información, se puede ejecutar el comando find, que analizará todo el sistema de archivos en busca de aquellos que se correspondan con los criterios de búsqueda.

Búsqueda de un archivo por nombre

El tipo de búsqueda más habitual es la búsqueda por nombre de archivo. Quizá haya utilizado algún comando de búsqueda de archivos en otro sistema operativo que funcione de forma similar. Se especifica el nombre del archivo (o parte de él) que se quiere encontrar, y el sistema devuelve una lista de correspondencias. Para buscar un archivo por el nombre, haga lo siguiente:

1. Determine el nombre del archivo que quiere buscar. Si lo desea, puede incluir caracteres comodín en su búsqueda.

2. Elija un directorio de partida para la búsqueda. Si desea analizar todo el sistema de archivos, el directorio de partida debería ser /.

3. Invoque el comando find con el formato: find <directorio de partida> -name <nombre de archivo>.

4. Dependiendo de la velocidad y el tamaño del sistema de archivos en el que esté buscando, prepárase para una espera más o menos larga.

ERRORES DE BÚSQUEDA

Si realiza la búsqueda en el sistema de archivos completo, es posible que encuentre errores como:

```
find: /home/ftp/bin: Permission denied
find: /home/ftp/etc: Permission denied
```

Esto es absolutamente normal y no debería ser motivo de alarma. El sistema le está diciendo que está intentando buscar archivos en lugares que no le pertenecen. Si reduce la búsqueda a su propio directorio, lo que se puede representar mediante los caracteres ~/, no encontrará este tipo de errores.

Por ejemplo:

```
>find / -name sound
/usr/src/linux-2.0.34/drivers/sound
/usr/src/linux-2.0.35/drivers/sound
/var/lock/subsys/sound
/etc/rc.d/init.d/sound
```

El sistema ha respondido a nuestra solicitud y ha encontrado cuatro archivos distintos con el nombre sound. Dado que se ha elegido buscar en el sistema de archivos completo, el proceso ha durado alrededor de un minuto, ya que se han tenido que procesar cientos de directorios y miles de nombres de archivo.

Búsqueda de un archivo por fecha

Supongamos que creó un archivo de documento en el sistema, pero ha olvidado su nombre. ¿Cómo puede encontrarlo? Una solución puede ser buscarlo por la fecha, localizando los archivos que se hayan creado después de un momento determinado. Para buscar un archivo por su fecha de creación, siga estos pasos:

1. Determine la antigüedad relativa del archivo en días.

2. Seleccione un directorio de partida para la búsqueda. Recuerde que, si introduce el carácter /, el programa analizará el sistema de archivos completo, mientras que si utiliza los caracteres ~/, únicamente analizará su directorio personal.

3. Invoque el comando find usando la opción -ctime: find <directorio de partida> -ctime <días de antigüedad>.

Por ejemplo:

```
>find ~/ -ctime 2
/home/jray/getip.c
/home/jray/a.out
/home/jray/getip2.c
/home/jray/.saves-8395-postoffice
```

En este caso, se han buscado en el directorio principal los archivos modificados durante los dos últimos días (48 horas). Posiblemente, uno de estos cuatro archivos será el que estábamos buscando.

Búsqueda de un archivo por tamaño

Es posible que, hasta que su sistema no empiece a tener problemas de espacio, no resulte muy útil buscar un archivo por su tamaño. El sistema Linux y otros sistemas operativos basados en UNIX suelen guardar un archivo llamado *core* cuando un programa falla; a este tipo de fallo catastrófico se le denomina "volcado de memoria" (*core dump*). El archivo *core* contiene toda la información que había en la memoria cuando el programa falló y es utilizado por los programadores para detectar lo que produjo el error. Normalmente, estos archivos pueden borrarse, salvo que desee intentar depurar el programa. El problema con estos archivos es que suelen incluirse en directorios de cuya existencia no somos conscientes y a ocupar espacio en el disco duro sin que el usuario se percate de ello. Por supuesto, también se pueden buscar archivos grandes que puedan haber sido creados por otros procesos, pero la búsqueda de archivos *core* es uno de los usos principales de esta opción del comando **find**. Para realizar una búsqueda por tamaño, siga estos pasos:

1. Seleccione un tamaño de archivo que buscar. El comando **find** devuelve los archivos que tengan un tamaño mayor o igual que el especificado.

2. Seleccione un directorio de partida.

3. Ejecute el comando **find** con la opción **-size**: find <directorio de partida> -size<k>.

Por ejemplo:

```
>find ~/ -size 1024k
/home/jray/bochs/bochs-980513/core
/home/jray/postgres51/core
```

En esta ocasión, el comando find ha encontrado dos archivos *core* en el directorio principal del autor, que tienen un tamaño de 1024 K o mayor. Si hubiera otros archivos grandes, también habrían aparecido en el listado, pero, en este caso, sólo se encontraron los archivos *core*.

Además de -name, -ctime y -size, existen muchas otras opciones de línea de comandos que se pueden usar con el comando find. Si desea obtener más información sobre este comando, consulte las correspondientes páginas del manual.

Cómo localizar de forma rápida un archivo o directorio por el nombre

El comando find es una función útil a la hora de buscar archivos basándose en un amplio rango de criterios. No obstante, puede resultar un poco lento cuando la búsqueda de un archivo determinado se realiza en el sistema de archivos completo. Con el fin de acelerar el proceso, es conveniente conocer tres utilidades sencillas con las que se puede obtener, de forma rápida, un listado de los nombres de archivo existentes en el sistema y que coincidan con los criterios de búsqueda.

locate

El comando **locate** es muy fácil de usar. Para ejecutarlo, tan sólo hay que seleccionar el nombre del archivo que se desea buscar e introducirlo en la línea de comandos como un argumento del comando **locate**.

```
>locate sound
/etc/sysconfig/soundcard
```

```
/home/httpd/icons/sound1.gif
/home/httpd/icons/sound2.gif
/home/jray/mysql/mysql-3.21.33/mysys/mf_soundex.c
/home/jray/mysql/mysql-3.21.33/mysys/mf_soundex.o
/home/jray/postgresql/pgsql/contrib/soundex
/home/jray/postgresql/pgsql/contrib/soundex/Makefile
...
```

Observará que el comando **locate** se ejecuta de forma casi instantánea y devuelve cientos de nombres de archivos y directorios que contienen la palabra *sound*. La diferencia de velocidad, en comparación con otros comandos, se debe a que la búsqueda no se realiza directamente en el sistema de archivos, sino en una base de datos creada mediante el comando **updatedb**. La única desventaja de este método de búsqueda es que la base de datos que contiene los nombres de archivo no siempre está actualizada. Por ello, debería contactar con el administrador del sistema, para saber en qué momento ha establecido la ejecución del comando **updatedb**.

whereis

El comando **whereis** realiza una búsqueda rápida en un número predefinido de directorios y devuelve rutas de acceso al código fuente, ejecutables y páginas del manual relacionados con el archivo especificado. Sin embargo, en el caso de una búsqueda general, este comando no resulta tan útil como los comandos **find** o **locate**; pero, aun así, puede venir bien conocerlo.

Por ejemplo:

```
>whereis time
time: /usr/bin/time /usr/include/time.h /usr/man/man2/time.2
/usr/man/mann/time.n
```

El comando **whereis** indica que el ejecutable **time** se encuentra en /usr/bin/time, mientras que el archivo de cabecera está en /usr/include/time.h. Este comando también devuelve dos rutas de acceso de páginas del manual. Si le interesa saber dónde están ubicados los programas y sus archivos asociados en la computadora, whereis puede serle de gran ayuda.

which

Finalmente, el comando which también puede ayudarle a localizar archivos que se encuentren en uno de los directorios especificados en su variable de entorno PATH. En el Capítulo 16, "Cómo modificar el entorno de usuario", se explica cómo se puede configurar esta variable. El comando which se invoca de forma muy parecida al comando whereis; tan sólo es necesario proporcionar el nombre del archivo que se desea buscar.

Por ejemplo:

```
>which time
/usr/bin/time
```

Linux devuelve la ruta de acceso completa al comando time. El comando which es el comando menos configurable de los que se han visto hasta ahora, pero también es el más rápido. Si alguna vez necesita saber dónde está ubicado un programa, inténtelo con el comando which.

Búsqueda de archivos que contienen una palabra o patrón

Uno de los programas más potentes del sistema operativo Linux es el comando grep. Este comando permite buscar, de forma rápida, a través del cuerpo de los archivos, en busca de una palabra o patrón determinados. Existen tres variaciones del mismo comando: grep, egrep y fgrep. Las diferencias entre estas versiones se basan en la complejidad de las expresiones regulares que pueden manejar. Con expresiones regulares nos referimos a un patrón de texto que se puede usar para buscar archivos cuando no se conoce la palabra o frase específica que se tiene que buscar. En el Capítulo 13, "Expresiones regulares", encontrará más información acerca de este tipo de expresiones. El comando **fgrep** es el más rápido de los tres, pero sólo admite las expresiones menos complejas. Para estar seguro, siempre puede usar el comando **grep** normal, que debería funcionar igual en todos los casos y en cualquier sistema. ¿Y cómo se utiliza esta maravillosa herramienta? Es necesario proporcionar la palabra o patrón que se quiere buscar y los archivos en los que se desea buscar:

1. Seleccione la palabra o frase que quiere localizar.

2. Determine el nombre del archivo en el que desea realizar la búsqueda. Si el archivo se encuentra en otro directorio, debe especificar la ruta de acceso completa. Si lo desea, también pueda usar caracteres comodín para buscar en múltiples archivos.

3. En el indicativo de comandos, ejecute el comando **grep** **<patrón de búsqueda> <archivo o archivos en los que buscar>**.

Por ejemplo:

```
>grep "jray" *.txt
8979-10.txt:<manager>=jray
log.txt: Access by jray on 11/12/98
kiwi.txt: jray loves to eat kiwis.  But don't you think that
➡it would be
```

En este ejemplo se busca la secuencia **jray** en cualquier archivo con la extensión .txt. Se presentan tres archivos que contienen la cadena (8979-10.txt, log.txt y kiwi.txt); cada uno de los nombres de archivo va seguido del texto que contiene la cadena **jray**. Existen dos opciones que se pueden usar con el comando **grep**: la opción **-i**, para que no se distinga entre mayúsculas y minúsculas, y la opción **-n**, para presentar en cada archivo los números de línea de la correspondencia. Estas opciones se pueden introducir en la línea de comandos, justo a continuación del comando grep.

El comando grep es una herramienta extremadamente valiosa, que adquirirá aún más importancia cuando aprenda a utilizar las expresiones regulares. Recuerde volver a esta lección para comprobar algunas de las cosas que aprenda en el Capítulo 13.

La utilidad de búsqueda del entorno KDE

A los que estén utilizando el entorno KDE les gustará saber que este entorno dispone de una utilidad **Find** (búsqueda) incorporada, que proporciona muchas características similares a las versiones de línea de comandos de find y grep. El entorno KDE proporciona, además, un aspecto agradable a estas funciones que debería resultar bastante familiar para cualquiera que haya realizado alguna vez una búsqueda en los sistemas operativos Mac o Windows. En la Figura 5.1 se muestra la utilidad **Find** del entorno KDE.

Para buscar en el entorno KDE, realice las siguientes operaciones:

1. Haga clic en el icono **K** de la barra de herramientas para que aparezca el menú principal de KDE.

2. Elija la opción **Find Files** (buscar archivos).

3. Seleccione los criterios de búsqueda correspondientes en una de las tres fichas.

4. Haga clic en el icono pequeño con forma de lupa que aparece en la barra de herramientas de la utilidad **Find** para localizar archivos que coincidan con los criterios de búsqueda.

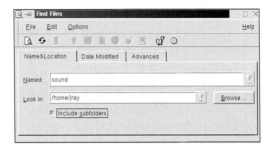

Figura 5.1
El entorno KDE proporciona una interfaz amigable para las utilidades
find y grep de UNIX.

En la utilidad **Find Files**, se incluyen tres fichas distintas
que realizan tres tipos diferentes de búsqueda:

* **Name & Location** (nombre y ubicación). Si está buscando por nombre de archivo, utilice esta ficha.
Puede escribir un nombre de archivo parcial y proporcionar un directorio de partida para la búsqueda.
Esta opción equivale al comando **find -name** que ha
utilizado anteriormente.

* **Date Modified** (fecha de modificación). Al igual que la
opción **find -ctime** explicada anteriormente, esta ficha
permite buscar archivos en el sistema a partir de la
fecha de modificación de los mismos.

* **Advanced** (avanzada). Las opciones avanzadas permiten localizar archivos de un tipo determinado o analizar el contenido de los archivos en busca de una
palabra o frase.

Desde el entorno KDE, también puede utilizar las utilidades de la línea de comandos; pero, si se siente más cómodo
utilizando el ratón, está bien saber que puede hacerlo.

Resumen

Localizar un elemento en una computadora Linux puède resultar un poco difícil, debido a la enorme cantidad de archivos y directorios en los que se puede realizar la búsqueda. En este capítulo se han explicado distintos métodos para localizar archivos por el nombre o por los atributos. Asimismo, el lector ha aprendido a buscar una palabra o frase determinada en el contenido de los archivos.

- **find.** El comando **find** permite buscar un archivo determinado en todo el sistema de archivos de Linux, empleando distintos criterios. Se ha explicado cómo utilizar este comando para buscar archivos por nombre, fecha de creación y tamaño.

- **locate.** Aunque el comando **find** es útil, no siempre resulta un método eficaz para buscar los archivos. El comando **locate** busca en una base de datos que incluye los nombres de los archivos y presenta de forma instantánea todos aquellos que coinciden con los criterios de búsqueda.

- **whereis.** Si busca un archivo de programa, su código fuente o las páginas correspondientes del manual, el comando **whereis** puede ayudarle. El comando **whereis** busca en una lista predefinida de ubicaciones de archivo habituales y, de forma rápida, presenta las rutas de acceso para los elementos que encuentra.

- **which.** La función **which** depende de la variable de entorno **PATH**. Analiza las rutas que se hayan especificado, en busca de un nombre de archivo determinado.

- **grep (grep/egrep/fgrep).** El conjunto de comandos **grep** constituye un método eficaz para buscar una palabra o patrón determinados dentro del contenido real de los archivos. La potencia del comando **grep** cuando se combina con expresiones regulares resulta increíble.

• **Utilidad de búsqueda del entorno KDE.** El entorno KDE ofrece una interfaz fácil de usar que incorpora muchas de las funciones de los comandos **find** y **grep**.

Utilidades
de los archivos

Cómo trabajar con archivos en el *shell*

En este capítulo, el lector aprenderá cómo llevar a cabo las funciones básicas de mantenimiento de archivos, como son la creación y el borrado de archivos y directorios.

Es posible que no haya ningún otro tipo de comandos en Linux que se utilice con más frecuencia que el grupo de comandos para el mantenimiento de archivos. Afortunadamente, los comandos que más usará son comandos muy cortos y sólo disponen de algunas opciones importantes. Aunque estos comandos y opciones pueden parecer muy simples al principio, si se tiene en cuenta todo lo que se puede hacer con ellos y lo que aprenderá sobre cómo automatizarlos en el Capítulo 14, "Scripts de shell básicos", comprobará que estos comandos pueden llevar a cabo casi cualquier tarea de mantenimiento de archivos que pueda imaginar.

Cómo trabajar con archivos y carpetas: la línea de comandos

La línea de comandos es la interfaz principal de acceso al sistema de archivos de Linux y la herramienta básica para crear, borrar y reorganizar archivos. Es habitual que los paquetes de software proporcionen herramientas para crear y borrar archivos, pero pocas veces resultan tan potentes como la línea de comandos. Incluso si no suele utilizar la línea de comandos en su trabajo habitual, le vendrá bien conocer estas herramientas.

PROCESAR

Si trabaja con la línea de comandos, recuerde lo siguiente: los nombres de archivo que especifique como argumentos para los comandos pueden ser rutas de acceso relativas o absolutas. Eso significa que, si dispone de un comando llamado procesar, que procesa un archivo, y escribe el comando:

procesar miarchivo, o procesar./miarchivo, procesaría el archivo miarchivo del directorio actual.

procesar ../miarchivo, procesaría el archivo miarchivo que se encuentra en el directorio inmediatamente superior al actual.

procesar /home/henry/miarchivo, procesaría el archivo miarchivo que se encuentra en el directorio /home/henry (siempre que, claro está, tenga permiso para procesar archivos en ese directorio).

Recuerde que el comando procesar de los ejemplos anteriores es un comando hipotético con unos resultados hipotéticos (UNIX no dispone de ese comando). Se ha utilizado en este caso para representar a un comando que "modifica miarchivo de alguna forma no especificada". Puede sustituir este comando hipotético por cualquier operación que desee.

Creación de un archivo nuevo vacío: touch

El comando **touch** se utiliza para actualizar la fecha de última modificación de un archivo y definir la fecha actual. Aunque esta operación pueda parecer extraña, resulta de gran utilidad si se dispone de una aplicación que realiza una función determinada sobre todos aquellos archivos que sean posteriores a una fecha determinada.

¿CÓMO SACAR PARTIDO AL COMANDO TOUCH?

El comando touch se puede utilizar con los programas de software de copia de seguridad y archivado definitivo. Muchos programas para la realización de copias de seguridad del sistema completo establecen de manera predeterminada que sólo se haga copia de los archivos que han sido modificados desde que se hizo la última copia de seguridad (este proceso se denomina copia de seguridad **incremental**). Si quiere estar seguro de que se hace una copia de seguridad de un determinado archivo, incluso en el caso de que no se haya modificado recientemente, puede ejecutar el comando touch sobre el archivo para cambiar la fecha de modificación y hacer que parezca que ha sido modificado en el instante de ejecutar el comando touch.

El comando touch tiene otra utilidad, que consiste en que, si se intenta aplicar a un archivo que no existe, dará lugar a la creación de un archivo nuevo vacío.

Si necesita actualizar la fecha de modificación de un archivo o crear un archivo nuevo vacío, haga lo siguiente:

1. Determine el nombre del archivo o archivos que desee actualizar o crear.

2. Ejecute el comando touch con el formato siguiente:
   touch <nombre de archivo> <nombre de archivo> ...

Por ejemplo:

```
> touch miarchivo
```

Si miarchivo existía anteriormente, la fecha de última modificación se cambiará por la fecha actual. Si miarchivo no existía anteriormente, ahora existirá como un archivo vacío, cuya fecha de última modificación corresponde a la fecha actual.

Por supuesto, si desea crear varios archivos o actualizar las fechas de modificación de múltiples archivos, puede ejecutar un comando del tipo:

```
> touch miarchivo1 miarchivo2 miotroarchivo
```

De este modo se actualizará la fecha de última modificación de los archivos miarchivo1, miarchivo2 y miotroarchivo o, si no existían, se crearán dichos archivos.

OTRO USO DEL COMANDO TOUCH

Cuando se encuentre lo suficientemente cómodo con Linux como para empezar a automatizar su trabajo con un *script* de *shell* (consulte el Capítulo 14, "*Scripts* de *shell* básicos"), se dará cuenta de lo útil que puede resultar el comando touch para crear **archivos indicadores** que permitan que sus *scripts* se comuniquen entre sí. No olvide el comando touch cuando piense en los usos de las instrucciones condicionales.

Eliminación de archivos: rm

Ahora que ya sabe cómo crear un archivo, es el momento de aprender a eliminarlo. El comando rm permite borrar archivos.

LA POTENCIA DEL COMANDO RM

El comando rm es un comando muy potente y debería emplearlo con mucho cuidado. Probablemente, no exista ningún usuario habitual de Linux que no haya introducido alguna vez mal los argumentos del comando rm y luego se haya quedado horrorizado al darse cuenta de que una gran parte de su sistema de archivos se ha evaporado. El comando rm puede eliminar información con la misma precisión que un escalpelo o tan indiscriminadamente como una tonelada de dinamita. Así que ¡tenga cuidado!

Si desea utilizar el comando rm para borrar archivos, debería:

1. Determinar el archivo o archivos que desea borrar.

2. Ejecutar el comando rm con el formato siguiente: rm <archivo1> <archivo2> <archivo3>...

Se pueden eliminar al mismo tiempo tantos archivos como se desee. Por ejemplo, si desea eliminar los archivos miarchivo y miotroarchivo, tendría que ejecutar el comando rm de la forma siguiente:

```
> rm miarchivo miotroarchivo
```

Después de haber ejecutado el comando para los archivos que desea eliminar, puede aparecer una pregunta del tipo:

```
remove miarchivo (y/n)?
```

Éste es el modo interactivo del comando rm, una medida de seguridad del comando, diseñada para asegurarse de que realmente se desean borrar los archivos especificados (si de verdad desea eliminarlos, pulse la tecla y). Normalmente, el administrador del sistema habrá configurado el sistema de modo que el comando rm funcione en el modo interactivo de manera predeterminada. En el Capítulo 16, "Cómo modificar el entorno de usuario", aprenderá cómo cambiar esta opción predeterminada. No obstante, le aconsejamos que utilice el modo interactivo hasta que esté seguro de que domina el sistema Linux.

Opciones del comando rm

El comando rm dispone de varias opciones útiles:

- i, modo interactivo. Hace que el comando rm pida al usuario que confirme la eliminación de cada uno de los archivos antes de borrarlos realmente. Aunque esto pueda parecer algo molesto, si el administrador del sistema no ha configurado su cuenta de forma que funcione en el modo interactivo por omisión, le recomendamos que ejecute el comando rm con el siguiente formato: rm -i <archivo1> <archivo2>...

- **f**, modo forzado. Hace que el comando rm borre los archivos sin tener en cuenta los permisos de archivo. Recuerde que puede crear archivos y definir los permisos de forma que ni siquiera usted, como propietario, pueda leer o escribir en el archivo. Si no utiliza el modo forzado, rm le preguntará si desea ignorar los permisos cuando intente borrar archivos en los que no puede escribir.

- **r**, modo recursivo. Ésta es una opción muy potente del comando rm. Cuando se ejecuta el comando rm con el formato rm -r<nombre del directorio>, se borra de forma recursiva el directorio y todo su contenido. Si el directorio contiene otros directorios, también éstos se borrarán de la misma forma.

Creación de un directorio: mkdir

Los directorios son muy útiles para organizar los archivos en distintos grupos. Para crear un directorio, siga estos pasos:

1. Decida qué nombre desea dar al directorio.

2. Ejecute el comando mkdir con el formato siguiente: mkdir <nombre del directorio>.

Por ejemplo:

```
> mkdir nuevo_directrio
```

Así se creará un nuevo directorio llamado nuevo_directrio, que estará ubicado dentro del directorio actual. Desafortunadamente, la palabra "directrio" se ha escrito mal. Por tanto, necesitará utilizar también el siguiente comando. Al igual que se hizo con el comando touch, puede utilizar el comando mkdir para crear algunos directorios adicionales, de forma que luego pueda eliminarlos con el comando rmdir.

Eliminación de un directorio: rmdir

Los antiguos directorios que ya no se utilizan estropean la organización de los archivos, por lo que, en ocasiones, puede ser necesario eliminar alguno. El comando rmdir borra directorios vacíos. Para utilizar este comando con el fin de borrar un directorio, siga estos pasos:

1. Decida qué directorio o directorios desea eliminar.

2. Ejecute el comando rmdir con el formato: rmdir <directorio1> <directorio2> <directorio3>...

Por ejemplo:

```
> rmdir nuevo_directrio directorio_antiguo/fuzzykiwi
```

Con este comando se elimina el directorio mal escrito del ejemplo anterior, así como el directorio llamado fuzzykiwi contenido en el directorio directorio_antiguo.

El comando rmdir no afectará a los directorios que no estén vacíos, por lo que se trata de un comando útil para limpiar el sistema de archivos si hay demasiados directorios en él. Se puede intentar borrar todo lo que contiene el directorio actual ejecutando el siguiente comando:

```
> rmdir *
```

No esperamos que entienda aún esta sintaxis, aunque sí lo hará cuando llegue a el Capítulo 13, "Expresiones regulares". Posiblemente, aparezcan decenas de mensajes de error al introducir este comando, pero el resultado final al ejecutar rmdir de esta forma consistirá en que todos los directorios vacíos dentro del directorio actual desaparecerán, sin que se vea afectado ningún otro elemento del sistema.

Eliminación de archivos y directorios al mismo tiempo: rm -r

El comando rmdir sólo funciona para directorios vacíos, pero es posible que en algún momento tenga que eliminar un directorio y su contenido. Para ello, debe ejecutar el comando rm en el modo recursivo. Si desea borrar un directorio y todo su contenido, siga los pasos siguientes:

1. Determine el nombre del directorio que desee borrar.

2. Ejecute el comando rm con el formato siguiente: rm -r <nombre de directorio>.

Por ejemplo:

```
> rm -r /priv/home/henry/junkdirectory
```

Con este comando se borra el directorio /priv/home/henry/junkdirectory y, de manera recursiva, todo su contenido.

Si borra su directorio actual (algo nada aconsejable), le aparecerán mensajes de error indicando que no se encuentra el directorio actual, como, por ejemplo, **Cannot stat current directory, can't stat** y **. not found**. El tiempo que tarda UNIX en averiguar que el usuario se encuentra de repente ubicado en "ninguna parte" depende de qué comandos se ejecuten, pero siempre se puede salvar la situación ejecutando el comando cd ~/ para volver al directorio principal.

Copia de archivos: cp

Si necesita hacer copias de archivos, tendrá que utilizar el comando cp. Este comando permite copiar un único archivo en un nuevo archivo de destino, o bien copiar uno o más archivos en un único directorio de destino.

Si desea utilizar el comando **cp** para hacer una copia de un único archivo, siga estos pasos:

1. Determine el nombre del archivo de origen y el nombre del archivo de destino en el que desea hacer la copia.

2. Ejecute el comando **cp** con el formato siguiente: **cp <archivo de origen> <archivo de destino>**.

Si desea utilizar el comando **cp** para copiar uno o más archivos en un directorio de destino, siga estos pasos:

1. Determine todos los nombres de archivos de origen y el nombre del directorio de destino. El comando **cp** no crea el directorio de destino, por lo que, si no existe, tendrá que utilizar el comando **mkdir** para crearlo primero.

2. Ejecute el comando **cp** con el formato siguiente: **cp <origen1> <origen2>... <directorio_destino>**.

Por ejemplo:

```
>cp miarchivo1 /priv/home/henry/miarchivo2
```

Con este comando se copia el archivo miarchivo1, ubicado en el directorio actual, y se almacena la copia en priv/home/henry/miarchivo2.

En su segunda forma:

```
>cp /etc/senmail.cf /priv/home/henry/miarchivo2 miarchivo1 /tmp
```

Se copia el archivo sendmail.cf del directorio /etc, el archivo miarchivo2 del directorio /priv/home/henry y el archivo miarchivo1 del directorio actual en el directorio /tmp.

Recuerde que no es necesario copiar múltiples archivos para utilizar la versión de copia en un directorio, basta con especificar el nombre de archivo en cuestión y el directorio de destino.

Copia de directorios: cp -r

Del mismo modo que el comando rm dispone de un modo recursivo para eliminar directorios, el comando cp dispone de un modo recursivo para copiar directorios. Si ejecuta el comando cp con la opción -r, todos los nombres de archivo de origen se tratarán como directorios y se copiarán de forma recursiva en el directorio de destino. Para utilizar el comando de este modo, siga estos pasos:

1. Determine los nombres de los directorios que desee copiar.

2. Ejecute el comando cp con el formato siguiente: cp -r \<origen1\> \<origen2\>... \<directorio_destino\>.

Por ejemplo, supongamos que se ejecuta la instrucción:

```
> cp -r /var/log/httpd/logs /tmp
```

El comando cp crearía un directorio nuevo llamado logs (registros) en el directorio /tmp, y realizaría una copia del contenido del directorio /usr/local/httpd/logs en el nuevo directorio /tmp/logs.

Cómo mover archivos y directorios: mv

Si únicamente necesita mover o renombrar archivos, en lugar de copiarlos, es mejor utilizar el comando mv. Este comando emplea los dos mismos formatos que utiliza el comando cp: el primer formato renombra un archivo y el segundo formato mueve uno o más archivos a un directorio de destino.

Si desea utilizar el comando mv para renombrar un único archivo, realice las siguientes operaciones:

1. Determine el nombre actual del archivo y el nombre nuevo que desea asignarle.

2. Ejecute el comando mv con el formato siguiente: mv <nombre actual> <nuevo nombre>.

Por ejemplo, si tiene un archivo llamado todays_mail y desea almacenarlo junto con la copia de seguridad de sus mensajes de e-mail, puede ejecutar el siguiente comando:

```
> mv todays_mail ~/mymaildir/June10.mail
```

Este comando cambia el nombre del archivo todays_mail, almacenado en el directorio actual, por June10.mail y lo coloca en el directorio ~/mymaildir. Recuerde que éste es el directorio mymaildir del directorio principal.

Si desea utilizar el comando mv para mover uno o más archivos a una nueva ubicación:

1. Determine los nombres de todos los archivos que desea mover y el nombre del directorio al que desearía moverlos.

2. Ejecute el siguiente comando: mv <archivo1> <archivo2> ... <directorio_destino>.

Por ejemplo:

```
> mv /usr/log/httpd/error_log /home/henry/miarchivo2 /tmp
```

Este comando pasa al directorio /tmp el archivo error_log contenido en el directorio /usr/log/httpd y el archivo miarchivo2 del directorio /home/henry.

LIMITACIONES DEL COMANDO MV

El comando mv también se puede usar para mover y renombrar directorios, con la misma sintaxis que se utiliza para mover y renombrar archivos. Para ello, sólo tiene que especificar nombres de directorio en lugar de nombres de archivo.

Desafortunadamente, para realizar esta tarea, el comando es un poco más limitado de lo que sería deseable. No puede mover directorios entre dispositivos físicos, por lo que, a veces, cuando intente mover un directorio de una ubicación a otra, la abstracción que Linux aplica a los dispositivos físicos en el sistema de archivos puede causarle problemas, apareciendo un mensaje de error del tipo:

Can't move directories across partitions
(los archivos no se pueden mover entre particiones)

Si le ocurre esto, la mejor solución es recurrir al comando copy, copiar el directorio en cuestión y luego borrar el original.

Creación de vínculos: ln

La última utilidad de gestión de archivos que aprenderá en esta lección es el comando que sirve para crear vínculos o alias de archivo. El comando ln se utiliza para crear vínculos a archivos, de forma que un archivo puede aparecer como si estuviera situado en múltiples ubicaciones y tuviera múltiples nombres.

Para entender la utilidad de este comando, considere el caso en el que quiera permitir a sus amigos que vean su agenda del día. Diariamente, o semanalmente, según sea adecuado, podría crear un nuevo archivo con dicha agenda y nombrarle utilizando la fecha actual. Para no tener que estar dando constantemente a sus amigos nuevos nombres de archivo para que puedan consultar su agenda, podría crear un vínculo llamado **miagenda**, que apuntaría al archivo que contuviera la planificación actual. De esta forma, sus amigos podrían consultar siempre dicho archivo para ver la planificación y usted podría mantener en orden sus archivos de agenda diarios.

Si desea utilizar el comando ln para crear un vínculo, siga estos pasos:

1. Especifique el nombre del archivo para el que desea crear un vínculo. El comando ln permite crear vínculos a archivos inexistentes, lo que no resultaría demasiado útil. Por ello, debe asegurarse de que conoce el nombre correcto del archivo que desea vincular.

2. Especifique el nombre alternativo con el que desearía poder acceder al archivo.

3. Ejecute el comando ln con el siguiente formato: ln -s <nombre de archivo real> <nombre de archivo alternativo>. La opción -s indica al sistema que se trata de un vínculo simbólico. Si desea obtener más información acerca de la diferencia entre los vínculos simbólicos y los vínculos reales, consulte la página del manual correspondiente al comando ln.

Por ejemplo, en el caso de que desee navegar fácilmente por su archivo de registro del servidor web, podría ejecutar el siguiente comando:

```
> ln -s /var/log/httpd/access_log ~/weblog
```

En este caso, se crearía un vínculo llamado **weblog** en su directorio principal. Este vínculo proporcionaría un nombre alternativo para el archivo /var/log/httpd/access_log.

Podría trabajar con este vínculo de forma casi idéntica a si se tratara del archivo real. Si intenta leer su contenido, leerá el contenido del archivo real. Si intenta modificarlo o editarlo, editará el contenido del archivo real. Sin embargo, si borra el vínculo, únicamente borrará el vínculo; el archivo real permanecerá intacto. Si ejecuta el comando ls -l sobre el vínculo, aparecerá como un nombre de archivo que apunta a una ruta de acceso diferente, por lo que se puede distinguir el vínculo del archivo real.

```
> ls -l ~/weblog
lrwxrwxr-x  1 ray      7 Nov 28   1998  weblog ->
➥/var/log/httpd/access_log
```

CONSEJO PARA SERVIDORES WEB

Un buen lugar para utilizar este comando es cuando esté trabajando con servidores web. Si no va a utilizar servidores web, no preste atención a este consejo. Muchos servidores web devuelven, de manera predeterminada, un archivo llamado index.html siempre que el usuario no especifique un nombre de archivo en el URL. Si desea que aparezca una página por omisión y no quiere utilizar el nombre index.html, puede crear un vínculo denominado index.html al archivo real, y el servidor nunca notará la diferencia.

Resumen

En este capítulo se ha explicado cómo utilizar una serie de comandos con los que el usuario puede gestionar y organizar los archivos de la forma que desee.

Es muy importante recordar que cuando se proporciona un nombre de archivo como argumento de un comando Linux, el nombre de archivo puede ser una ruta de acceso relativa o absoluta a dicho archivo. Si sólo se especifica el nombre de archivo, el sistema considerará que se trata de un archivo del directorio actual. Si se introduce una parte de la ruta de acceso, como, por ejemplo, ./<nombre de archivo> o <nombre de directorio>/<nombre de archivo>, se estará especificando una ruta relativa. Finalmente, siempre se puede especificar una ruta absoluta desde el directorio / al archivo. A continuación se incluye un breve resumen de los comandos estudiados en este capítulo:

- **touch.** Este comando cambia la fecha de la última modificación por la fecha actual. Sirve para crear nuevos archivos vacíos si se necesitan para algo.

- **rm.** El comando **rm** permite borrar archivos. Le recomendamos que utilice la opción **rm -i** hasta que esté seguro de que sabe muy bien lo que está haciendo e, incluso en este caso, siga utilizándola durante un tiempo. La opción recursiva de este comando en el modo no interactivo puede borrar toda la información del disco.

- **cp.** Este comando copia uno o más archivos. Aunque parezca obvio, es importante recordar que, si se parte de un único archivo, el destino debería ser un único archivo; y, si se parte de varios archivos, el destino debería ser una carpeta en la que se puedan almacenar varios archivos (un directorio). También se puede copiar un único archivo en cualquier directorio.

- **mv.** Este comando funciona de forma muy parecida al comando **cp**, pero sirve para renombrar o mover archivos. El comando **mv** no puede mover directorios entre dispositivos hardware diferentes, por lo que de vez en cuando la abstracción del hardware de Linux falla al utilizar este comando. Si ocurre esto, recurra al comando **cp** para solucionar el problema.

- **ln.** El comando **ln** crea nombres alternativos a través de los que se puede acceder a un archivo o directorio. Este comando resulta útil en los casos en los que se necesita que un archivo aparezca como si estuviera situado en varias ubicaciones, o cuando se tiene información que procede de varios archivos en momentos diferentes, pero que se quiere que aparezca con un único nombre de archivo.

Cómo leer archivos

En este capítulo vamos a presentarle los comandos básicos que se pueden utilizar para leer los archivos que se encuentran en la computadora.

El sistema Linux se puede utilizar para cientos de aplicaciones pero, se utilice para lo que se utilice, el usuario debe saber cómo llevar a cabo una tarea muy simple: leer archivos. La mayoría de las aplicaciones Linux utilizan archivos de configuración basados en texto, incluyen archivos de instrucciones basados en texto y almacenan archivos de registro basados en texto. No hay duda de que querrá acceder a toda esta información. Aparte de cargar un editor o procesador de textos, ¿cómo podemos acceder a esta información? En este capítulo responderemos esta cuestión enseñándole varios comandos rápidos que permiten ver la información contenida en los archivos de la computadora.

Visualización completa de archivos: concatenación

La forma más sencilla de visualizar archivos es utilizar el comando **cat**, el comando de concatenación. Se le denomina así porque añade al flujo de salida toda la información contenida en los archivos. Para obtener más información acerca del flujo de salida, véase el Capítulo 12, "Entrada y salida". Por ahora, basta con que entienda que el flujo de salida es lo que aparecerá en la pantalla. El comando **cat** permite leer rápidamente los archivos. Muestra el contenido de todos los archivos cuyos nombres se introduzcan, uno inmediatamente después del otro. El comando **cat** se puede utilizar junto con un operador de redireccionamiento (Capítulo 12) para crear un archivo que guarde el contenido de varios archivos. Por ahora, utilizaremos el comando **cat** únicamente para visualizar un archivo.

Para visualizar un archivo, ejecute el comando **cat** indicando el nombre del archivo o archivos que desea visualizar como argumentos del comando.

Por ejemplo, imagine que disponemos de dos archivos: uno llamado kiwi.txt que contiene el texto "Los kiwis son pequeños, marrones y peludos" y otro llamado food.txt que contiene el texto "Son buenos para comer". Veamos lo que ocurre al ejecutar el comando cat con ellos.

```
>cat kiwi.txt food.txt
Los kiwis son pequeños, marrones y peludos.
Son buenos para comer.
```

Al ejecutar el comando cat, el contenido de los dos archivos aparece en pantalla, uno a continuación del otro. ¿No le parece sencillo? El mayor problema que puede surgir al ejecutar este comando es que, si los archivos son muy largos, la información se saldrá de la pantalla; pero le vamos a enseñar un método para solucionar este problema.

ATAJO DE LINUX

Si desea visualizar todos los archivos con la extensión .txt que haya en el directorio, puede utilizar comodines con cualquiera de los comandos que se explican en esta lección. Ejecutando el comando cat *.txt se visualizan todos los archivos con la extensión .txt que haya en el directorio actual.

Visualización por páginas: more y less

El comando cat es útil cuando se quiere ver información rápidamente, pero el problema surge cuando los textos son largos y se muestran demasiado rápido como para poder leerlos. Afortunadamente, existen algunas utilidades que se han creado específicamente para leer archivos desde la línea de comandos: less y more. A menudo, para denominar a estas utilidades se utiliza el término genérico de visores de página, ya que presentan los archivos página a página en la ventana o pantalla.

Uso de more

Al igual que en el caso de cat, para utilizar el comando more sólo es necesario escribir dicho comando seguido del archivo o archivos que se desean visualizar.

Por ejemplo:

```
>more longfile.txt
```

Con este comando se visualiza el archivo longfile.txt. Sería una pérdida de espacio mostrar la salida de este comando, ya que es simplemente el contenido del archivo, página por página. En su lugar, a continuación vamos a mostrarle algunos comandos que se pueden utilizar desde dentro del comando **more** para controlar el proceso.

- **Barra espaciadora.** Avanza a la página siguiente de la salida del comando.

- **Tecla q.** Cierra el programa **more** y vuelve a la línea de comandos.

- **Tecla s.** Pasa a la línea siguiente en el texto del archivo. Se utiliza para avanzar lentamente por el archivo.

- **Tecla f.** Avanza toda una página del archivo.

- **/<patrón>.** Busca y avanza hasta un patrón o palabra determinados del archivo.
- **Tecla b.** Retrocede una página del archivo.
- **Tecla ? o h.** Muestra la ayuda para el comando **more**. Quizá sea éste el comando más importante que hay que recordar, ya que se puede utilizar al mismo tiempo que se visualiza el archivo.

El comando **more** debería estar disponible en cualquier máquina Linux o UNIX. Si tiene suerte, su sistema también puede incluir (y la mayor parte de las versiones de distribución de Linux lo hacen) el comando **less**. Dicho comando es más cómodo de utilizar que el comando **more**.

Uso de less

El comando **less** es un visor de páginas más moderno que **more**. Una de sus características principales es la capacidad para moverse por el interior de los archivos con menos dificultad que con **more**. Una vez más, el comando **less** se invoca del mismo modo que **cat** o **more**: hay que introducir los archivos que se desea visualizar como argumentos del comando.

Por ejemplo:

```
>less longfile.txt
```

Al igual que en el caso de **more**, el comando **less** muestra el archivo longfile.txt página por página. La salida del comando **less** se controla de forma similar a la del comando **more**. A continuación se incluyen varios comandos que le permitirán moverse por el archivo utilizando **less**.

- **Barra espaciadora.** Avanza a la página siguiente de la salida del comando.
- **Tecla b.** Retrocede una página.

- **Tecla q.** Cierra el programa less y vuelve a la línea de comandos.

- **Flecha arriba.** Retrocede una línea.

- **Flecha abajo.** Avanza una línea.

- **/<patrón>.** Busca y avanza hasta un patrón o palabra determinados del archivo. Esta búsqueda se realiza desde el punto en el que se encuentre situado en ese momento hasta el final del archivo.

- **?<patrón>.** Busca hacia atrás, desplazándose hasta un patrón o palabra determinados del archivo.

- **Tecla h.** Muestra la ayuda para el comando less.

No debe olvidar que ésta no es una lista completa de todas las opciones que admiten los comandos more y less. De hecho, si tuviéramos que describir todas las opciones que se pueden usar con less, la lista ocuparía probablemente 20 páginas. El objetivo, en este caso, es proporcionarle información suficiente para empezar. Gran parte de la diversión en Linux consiste en investigar el sistema.

Cómo visualizar partes de un archivo: head y tail

En algunos casos, sólo nos interesa saber lo que está almacenado en la parte superior o inferior de un archivo. Esto, en realidad, no es tan extraño como parece. Supongamos que dispone de un directorio que contiene mensajes de e-mail o de grupos de noticias. Puede que, en lugar de visualizar cada uno de los mensajes enteros, sólo desee ver la cabecera del archivo, que contiene el asunto y la dirección del remitente. Para ello, puede utilizar el comando head. De forma similar, si está ejecutando un servidor web y desea ver las últimas personas que han visitado su página, puede utilizar el comando **tail** para ver el final de su archivo de registro.

Utilización del comando head

Se habrá dado cuenta de que todos los programas que hemos analizado hasta ahora tienen algo en común: para ejecutarlos, sólo es necesario introducir el comando seguido del archivo o archivos que se quieren visualizar. Lo mismo ocurre con el comando **head**. De manera predeterminada, **head** muestra las 10 primeras líneas de cada archivo especificado.

Por ejemplo:

```
>head news112.msg
From ksteinmetz@nwu.edu Mon Mar  4 13:11:12 PST 1998
Article: 28223 of comp.sys.next.sysadmin
Path:   magnus.acs.ohio-state.edu!math.ohio-
state.edu!newsfeed
➥.acns.nwu.edu!news.acns.nwu.edu!news
From: ksteinmetz@nwu.edu (Kimberly A. Steinmetz)
Newsgroups: comp.sys.next.sysadmin
Subject: Re: Q: Booting lockup? How to solve?
Date: 3 Mar 1996 18:23:32 GMT
Organization: Northwestern University, Evanston, IL, US
Lines: 44
Message-ID: <4hco34$o26@news.acns.nwu.edu>
```

En este ejemplo, se muestran las 10 primeras líneas del archivo news112.msg. Si desea cambiar el número de líneas que se muestran, utilice la opción **-n**, donde n es el número de líneas que se quieren mostrar.

Uso de tail

El comando **tail** es el inverso del comando **head**. En lugar de mostrar la parte superior de los archivos, el comando **tail** muestra lo que se encuentra al final de un archivo. Puesto que la mayor parte de los registros aumentan por el final, el comando **tail** es una forma muy útil de ver cuáles son los últimos elementos que se han añadido a cualquier registro.

Por ejemplo:

```
>tail /var/log/httpd/access_log
204.123.9.20 - - [28/Nov/1998:00:52:40 -0500] "GET /lifetime
➥/lt2-1e.html HTTP/1.0" 200 3398
204.123.9.20 - - [28/Nov/1998:00:52:40 -0500] "GET /lifetime
➥/lt1-2a.html HTTP/1.0" 200 3561
204.123.9.20 - - [28/Nov/1998:00:52:41 -0500] "GET /enviro/
➥fa97/enviro_5.html HTTP/1.0" 200 3839
204.123.9.20 - - [28/Nov/1998:00:52:41 -0500] "GET /enviro/
➥fa97/enviro_4.html HTTP/1.0" 200 3972
204.123.9.20 - - [28/Nov/1998:00:52:42 -0500] "GET /b865/
➥b865_01.html HTTP/1.0" 200 15368
204.123.9.20 - - [28/Nov/1998:00:52:42 -0500] "GET /agf-fact
➥/agf-125.html HTTP/1.0" 200 13540
204.123.9.20 - - [28/Nov/1998:00:52:43 -0500] "GET /aex-fact
➥/463.html HTTP/1.0" 404 170
204.123.9.20 - - [28/Nov/1998:00:52:43 -0500] "GET /aex-fact
➥/480_76.html HTTP/1.0" 404 173
204.123.9.20 - - [28/Nov/1998:00:52:43 -0500] "GET /hyg-
fact/
➥3000/3019.html HTTP/1.0" 200 8127
216.106.18.176 - - [28/Nov/1998:00:52:55 -0500] "GET / HTTP/
➥1.1" 200 15679
```

Se muestran los 10 últimos elementos del registro del servidor web. Puesto que el archivo de registro tiene 50MB, es preferible no tener que leerlo todo con el comando **cat** o el comando **more**, si lo único que queremos ver es el final del archivo. Se puede cambiar el número de líneas que muestra **tail** añadiendo la opción -<número de líneas>.

Una característica extremadamente útil del comando **tail** es su capacidad para mostrar los archivos mientras crecen, en lugar de sólo mostrar el final del archivo y salir. Si se utiliza la opción -f con el comando **tail**, se abrirá un archivo, se mostrarán las 10 últimas líneas del mismo y se comenzará a supervisarlo en busca de la información nueva. Cuando se introduce una nueva línea de datos en el archivo, ésta aparecerá directamente en pantalla. Para supervisar de manera interactiva el registro del servidor web del ejemplo anterior, podríamos ejecutar el comando **tail -f /var/log/httpd/access_log**, para ver las visitas que se realizan al servidor web en el mismo momento en el que se están produciendo. Para salir de este modo del comando **tail**, pulse la combinación de teclas Ctrl+c.

Otros formatos de archivo

Además de los archivos de texto, podemos encontrar otro tipo de documentación y formatos de archivo README en la computadora Linux, que puede que tengamos que consultar. A continuación se incluye un breve resumen de estos formatos:

- **GZ.** Se trata de un archivo comprimido de tipo gzip. Es posible que determinada documentación esté almacenada con este tipo de formato. En lugar de descomprimir el archivo, podemos usar el comando **zcat** para visualizar el archivo directamente.

- **PS, EPS.** Se trata de archivos PostScript. Si visualiza estos archivos, verá que puede leer el contenido, pero que aparece mucha información de formato superflua. Utilice el comando **ghostscript** (o **gs**) si necesita visualizar un archivo PostScript.

- **HTML.** Se trata, obviamente, de archivos HTML. Si no está ejecutando el sistema X Window, puede leer dichos archivos desde la línea de comandos con el navegador web Lynx.

- **TEX.** Es un archivo con el formato TeX. TeX es un lenguaje de diseño de páginas que, en ocasiones, se utiliza para almacenar la documentación de los programas. Ejecute la utilidad **tex** para visualizar estos archivos.

Estos formatos deberían ser suficientes para la mayoría de los casos que encuentre. Afortunadamente, casi todos los archivos legibles de Linux se almacenan como archivos HTML o archivos de texto. Así que, probablemente, nunca tendrá que preocuparse por otros formatos.

Resumen

Su equipo Linux contiene toneladas de información y archivos HOWTO. Desafortunadamente, un archivo HOWTO que trate sobre cómo se leen los archivos no le serviría de mucha ayuda (no podría acceder a él si no sabe leer archivos). En este capítulo se explican claramente las distintas formas que existen para visualizar archivos y partes de archivos. A continuación se presenta un resumen de algunos de los puntos clave de esta lección:

- **cat**. El comando **concatenate** (concatenar) sirve para mostrar todos los archivos que se especifiquen, uno detrás de otro. No se detiene al final de cada página.

- **more/less**. Los comandos **more** y **less** reciben el nombre de visores de página. Recorren todas las páginas de los archivos de entrada, una a una. El comando **less** proporciona la capacidad de retroceder línea a línea por los archivos, a diferencia del comando **more**, que sólo permite avanzar por ellos.

- **head**. Este comando muestra las primeras líneas de un archivo. Es útil cuando se quiere consultar la información situada en la cabecera de determinados archivos, como, por ejemplo, los mensajes de e-mail.

- **tail**. Este comando muestra el final de un archivo. Si se utiliza junto con la opción **-f**, el comando **tail** proporciona la capacidad de visualizar un archivo de registro conforme se va generando. En lugar de utilizar una utilidad de supervisión diferente para cada programa, se puede utilizar el comando tail -f.

- **Otros formatos de archivo.** Aunque la mayor parte de los archivos de información de Linux son de texto o HTML, existen otros formatos con los que nos podríamos encontrar. En esta lección se incluye un breve resumen de algunos de estos formatos y los programas que se pueden utilizar con ellos.

Edición de textos

En este capítulo, el lector aprenderá las nociones básicas necesarias para editar archivos en el entorno Linux.

Muchos programas de Linux utilizan archivos de texto como entrada, generan archivos de texto como salida, o se configuran mediante comandos y variables que se encuentran en un archivo de texto. Si desea cambiar el contenido de estos archivos, tendrá que utilizar un editor de textos.

*En realidad, la mayor parte del software de Linux no es capaz de diferenciar un archivo de texto de cualquier otro tipo de archivo. Desde el punto de vista del sistema operativo, los archivos son, simplemente, archivos. Si el usuario decide que quiere ver unos archivos como archivos de texto y otros como archivos que contienen programas, eso es asunto suyo. Una consecuencia interesante de esta falta de preocupación por el contenido del archivo es que al sistema operativo no le importa si utilizamos un editor de texto para editar el contenido del programa de hoja de cálculo, igual que tampoco le importa si intentamos ejecutar un e-mail. Por supuesto, si el usuario tiene permiso para ejecutar el mensaje de e-mail e intenta hacerlo, es casi seguro que se producirá un fallo de segmentación (interrupción del sistema) inmediatamente. No obstante, Linux **intentará** la ejecución.*

CÓMO SACAR PARTIDO DE LA EDICIÓN

Si es programador, es posible que encuentre útil esta falta de distinción. En algún caso, podría encontrarse con un programa en el que haya que realizar un pequeño cambio, como, por ejemplo, corregir una palabra mal escrita o cambiar alguna otra. En tal caso, podría ser más cómodo cargar el archivo ejecutable en un editor de texto y realizar la corrección directamente en el código binario. Este truco no le va a sacar de grandes apuros, pero, en ocasiones, es una forma rápida de corregir algo y a veces es la única manera de modificar un software determinado del que no se tiene el código fuente.

Si dedica un tiempo a discutir con usuarios habituales de Linux sobre los editores de este sistema operativo, verá que existe un enorme desacuerdo entre los usuarios de los dos editores más utilizados: vi y emacs. Aunque estos editores tienen funciones complementarias y ambos son herramientas útiles que deberíamos incluir en nuestra colección, es muy posible que se encuentre con muchos usuarios que insisten en que uno de los dos no sirve para nada. Si les hace caso, desaprovechará un programa que puede ofrecerle la mejor solución a la hora de realizar, al menos, algunas tareas.

La mayor parte de los editores de Linux son inmensamente potentes. El editor emacs, por ejemplo, no sólo incluye su propio lenguaje de programación, sino que también puede funcionar como un sistema de ventanas completo para usuarios que trabajen con terminales de sólo texto. No obstante, debido a la brevedad de esta guía, sólo es posible explicar las características fundamentales de estos editores. Una vez que domine las tareas más sencillas que se presentan en este libro, si le interesa el tema, puede acudir a cualquier biblioteca o librería y elegir uno de los muchos libros disponibles sobre cada uno de los editores de Linux más conocidos.

Edición rápida y simple: vi

El editor vi es el editor más universal de Linux. No es fácil de usar ni tampoco presenta una interfaz muy agradable; sin embargo, se trata de un editor que se inicia rápidamente, que tiene un consumo de memoria muy reducido y que encontrará en cualquier máquina Linux que utilice. Debido a su ubicuidad, si conoce los fundamentos del editor vi, podrá trabajar con sus archivos incluso en el caso de que no disponga de otros editores más cómodos.

Si desea utilizar el editor vi, realice las siguientes acciones:

1. Determine qué archivo quiere editar.

2. Ejecute el comando vi <nombre de archivo>. Si desea iniciar un nuevo documento pero aún no ha decidido el nombre, el editor vi también se puede iniciar sin introducir ningún nombre de archivo.

Una vez iniciado el editor vi, existen varias cosas que debe saber para que le resulte útil.

El editor vi puede funcionar en dos modos: en el modo comando y en el modo de inserción. En el modo comando, el usuario puede llevar a cabo tareas como situar el cursor en un lugar determinado, borrar caracteres y guardar archivos. En el modo de inserción, el usuario puede insertar caracteres. Esta distinción puede resultar confusa al principio, pero pronto se dará cuenta de que, a la hora de realizar algunas tareas, la velocidad y la presencia universal del editor vi compensan su extraña interfaz. Algunas de las tareas más habituales se detallan en la Tabla 8.1.

Dado que sería imposible explicar un ejemplo paso por paso, le recomendamos que intente escribir el siguiente ejemplo: compare con el ejemplo lo que está escribiendo, consulte los comandos de la Tabla 8.1 y vea qué ocurre.

Tabla 8.1 Acciones habituales del editor vi

Modo	Tecla(s)/Combinación de teclas	Acción
Comando	l	Desplazamiento a la derecha.
	h	Desplazamiento a la izquierda.
	j	Desplazamiento a la línea siguiente.
	k	Retroceso a la línea anterior.
	Colocar el cursor en el carácter que se desea borrar y pulsar la tecla **x**.	Borra un carácter.
	Pulsar la tecla **d** dos veces.	Borra una línea entera (incluyendo las líneas vacías).
	Colocar el cursor en la línea en la que se desea añadir texto y pulsar la tecla **a**.	Añade el texto al final de la línea.
	i (antes del carácter situado debajo del cursor) o **a** (después del carácter situado debajo del cursor).	Cambia al modo de inserción.
	:w + Intro	Guarda el archivo.
	:w<nombre de archivo>	Guarda el archivo con otro nombre.
	:q + Intro	Sale del editor vi.
	:q! + Intro	Cierra sin guardar.
Inserción	tecla **Esc**	Cambia al modo comando.
	tecla **Retroceso** y **Supr**	Borra los datos que se acaban de insertar.

Aunque con este ejemplo no aprenderá los detalles más sutiles, le enseñará lo suficiente como para poder utilizar el editor y saber salir de cualquier situación complicada en la que se encuentre.

Escriba lo siguiente, tal y como se encuentra. Cuando aparece, pulse la tecla Intro. Recuerde que Esc hace referencia a la tecla Escape.

```
> vi mynewfile
This is my new file
```

```
This is line one of my new file
This is a test
This is line four of my new file<esc>kddkA
This     is     line     three     of     my     new
file<esc>khhhhhhhhhhhhhhhhhhhxxxitwo<esc>:wq!
```

La máquina debería responder lo siguiente:

```
"mynewfile" [New file] 4 lines, 119 characters
```

Ahora, observe lo que se obtiene.

```
> cat mynewfile
This is my new file
This is line two of my new file
This is line three of my new file
This is line four of my new file
```

El rey de los editores: emacs

En el extremo opuesto a la extraña sintaxis y el consumo mínimo de memoria del editor vi se encuentra emacs. En algunos círculos se opina que *emacs* es el acrónimo de *"emacs makes a computer slow"* (emacs hace que la computadora sea lenta), aunque lo cierto es que emacs es la madre de todos los editores. Entre las características que incluye el editor emacs podríamos destacar las siguientes: un cliente de lectura de e-mail, un cliente de lectura de noticias, un lenguaje de programación, una base de datos de ayuda en línea y un sistema de ventanas. El editor emacs puede hacer casi todo lo que quiera que haga un editor. Con las máquinas tan rápidas que existen hoy en día y la memoria casi ilimitada de la que disponen, emacs puede ser incluso capaz de realizar su trabajo lo suficientemente rápido como para que no sea necesario tomarse un café mientras se inicia el programa.

Desde el punto de vista del usuario normal, el editor emacs dispone de una interfaz mucho más intuitiva que la del editor vi. Siempre se encuentra en modo de inserción y, en lugar de existir otro modo, las funciones de control se realizan mediante combinaciones de teclas de control. Para utilizar **emacs**, siga estos pasos:

1. Determine el nombre del archivo que desea editar.

2. Ejecute el comando **emacs <nombre del archivo>**. Si desea crear un archivo nuevo, el editor **emacs** también se puede iniciar sin introducir ningún nombre de archivo.

Una vez iniciado el editor **emacs**, tendrá que tener algunas nociones básicas para poder utilizarlo. En la siguiente lista, cuando aparezca **Ctrl** delante de un determinado carácter, significa que hay que mantener pulsada la tecla **Ctrl** mientras se pulsa dicho carácter. En realidad, apenas necesitará la lista que se incluye a continuación, ya que, cuando se inicia **emacs**, aparece una lista de los métodos que existen para obtener ayuda.

• El editor **emacs** no dispone de un modo distinto para introducir comandos. Podemos escribir un comando o un texto siempre, sin necesidad de cambiar de modo. En ese sentido, este editor es similar a la mayoría de los procesadores de texto que conoce. Para insertar texto sólo es necesario escribirlo. Para introducir un comando, pulse la combinación de teclas del comando (normalmente **Ctrl+alguna letra** o **Esc+x** y algún comando).

• En casi todas las versiones de **emacs**, podemos desplazar el cursor utilizando las teclas de dirección. Si las teclas de dirección no funcionan, también podemos desplazar el cursor utilizando Ctrl+f para avanzar, Ctrl+b para retroceder, Ctrl+p para volver a la línea anterior y Ctrl+n para saltar a la línea siguiente. En las últimas versiones de **emacs** también se puede utilizar el ratón para mover el cursor, aunque hay muchos usuarios a los que les resulta más cómodo utilizar las teclas de cursor.

- La información situada entre el cursor y el final de la línea actual se puede borrar pulsando Ctrl+k.

- Ctrl+g es el comando "finalizar lo que se está haciendo" del editor **emacs**. Si ya ha comenzado a pulsar un comando y cambia de opinión, pulse Ctrl+g.

- Puede borrar una o varias líneas pulsando la combinación de teclas Ctrl+k. Para recuperar lo borrado, pulse Ctrl+y.

- Para guardar el archivo que esté editando en ese momento, pulse Ctrl+x+Ctrl+s.

- Para guardar el archivo con otro nombre, pulse Ctrl+x+Ctrl+w<nombre de archivo>.

- Para salir de **emacs**, pulse Ctrl+x+Ctrl+c. Si **emacs** le pregunta acerca de los *buffers* no guardados, eso significa que tiene algún texto sin guardar. Puede volver y guardar el trabajo o contestar *Yes* (Sí) a la pregunta **Quit Anyway?** (¿cerrar de todas formas?) y salir.

Nociones fundamentales sobre los comandos

Además de la serie de comandos Ctrl+ disponibles en el editor **emacs**, existe una cantidad sorprendente de comandos en los que se utiliza la tecla Esc. Estos comandos se conocen normalmente como **comandos Meta** de **emacs**, a pesar de que la máquina que incluía la tecla Meta, de donde viene esta denominación, desapareció hace mucho tiempo. Aunque se trata de comandos demasiado complicados y específicos como para explicarlos en este libro, el usuario puede acceder a muchos comandos Meta de **emacs** muy interesantes pulsando Esc+x y luego introduciendo el comando correspondiente, como **info**, **what-line** o **goto-line**. La verdad es que se pueden encontrar muchos comandos **emacs** de gran utilidad utilizando la combinación de teclas Esc+x, seguida de los primeros caracteres del nombre que creamos que el comando puede tener y luego un espacio. A continuación, el editor proporciona una lista de todos los comandos que tienen nombres similares y normalmente allí encontrará alguno que hace lo que estaba buscando.

Un comando Meta muy útil que podría intentar usar, después de iniciar el editor **emacs**, es escribir Esc+xhelp+barra espaciadora (y otro espacio si el primero se convierte en una raya). Después de ejecutar este comando, aparecerá una lista de los comandos de **emacs** que empiezan con la palabra **Help** (ayuda), incluyendo algunos muy útiles, como por ejemplo **Help for Help** (ayuda de la ayuda), que es un buen lugar para empezar.

El tutorial de emacs

En lugar de presentarle un ejemplo rápido, le recomendamos que consulte la propia ayuda y los tutoriales de **emacs**. Siempre se aconseja a los nuevos usuarios que consulten el tutorial de **emacs** para conocer las características del editor y para aprender a pedirle ayuda para utilizar otras características.

Para acceder al tutorial de **emacs**, debe iniciar **emacs** y pulsar Ctrl+hi (mantenga pulsada la tecla Ctrl, pulse h, suelte la tecla Ctrl y pulse i). Si, en lugar de i, pulsa el carácter ? después de Ctrl+h, verá que existen muchas alternativas para la tecla i, que proporcionan información muy variada que puede servirle de ayuda. Por ahora, consulte el tutorial. Si tiene curiosidad, es posible que se pase meses investigando el resto de las opciones.

El editor incorporado en el entorno KDE

El entorno KDE incluye un editor de textos controlable mediante el ratón, de gran comodidad, que incluye todas las funcionalidades de ratón típicas de los programas de edición de los equipos de sobremesa.

Para activar el editor del entorno KDE, haga clic en el símbolo **K** de la barra de herramientas. Seleccione la opción **Applications** (aplicaciones) en el menú emergente y luego elija **Editor** (editor) en el submenú. En ese momento, se abrirá una pantalla como la que se muestra en la Figura 8.1.

TENGA PACIENCIA

En ocasiones, las aplicaciones basadas en X Windows tardan algunos segundos en iniciarse y no aparece ningún cursor con forma de reloj que gira para hacernos saber que la máquina está realizando lo que se le ha pedido. No se preocupe si su editor no se abre inmediatamente. Si vuelve a seleccionar el editor antes de que se abra, al final se abrirán dos editores.

El editor incorporado del entorno KDE incluye todas las opciones habituales de control mediante ratón (seleccionar, copiar, insertar y borrar) que aparecen en cualquier editor basado en una interfaz gráfica de usuario. Además, utiliza la característica de abstracción de la ubicación de los datos propia de KDE, por lo que es posible abrir archivos directamente desde un sitio web o FTP utilizando su URL. En la Figura 8.1 aparece seleccionado uno de los menús del editor de textos del entorno KDE. Algunas de estas opciones se pueden ver en el menú desplegable que aparece en la figura.

Resumen

En este capítulo se ha realizado una introducción a los dos editores de texto más conocidos de la plataforma Linux: vi y emacs. Lo mejor para aprender a utilizar estos dos editores es empezar a utilizarlos, y aquí le proporcionamos las herramientas necesarias para realizar las tres tareas más importantes de cualquier editor: iniciar el editor, editar texto y salir si surge algún problema. Puesto que ya sabe cómo salir de la aplicación sin guardar los cambios tanto en el editor vi como en emacs, no tenga miedo a experimentar. También se ha explicado cómo utilizar el editor incorporado del entorno KDE, como una alternativa gráfica a los editores de texto basados en ventanas de los primeros tiempos de Linux. Los puntos más importantes son:

- **El editor vi es rápido y cómodo para realizar pequeños cambios en los archivos.** Dispone de una interfaz de usuario que no resulta muy intuitiva. El carácter omnipresente del editor vi, su velocidad de ejecución y el hecho de que no necesita mucho espacio en el disco lo convierten en una opción muy cómoda para realizar ediciones rápidas y para aquellas ocasiones en las que el usuario se encuentra en una máquina distinta de la habitual.

- **Esc+q!** Sale del editor vi rápidamente, sin guardar ningún cambio.

- **El editor emacs contiene todo que necesitamos en un editor y más.** En las computadoras antiguas, el editor emacs se iniciaba muy lentamente y la máquina también respondía muy lentamente. Sin embargo, esto ha quedado solucionado en gran medida gracias a los rápidos equipos que existen en la actualidad y al hecho de que el espacio de disco y la memoria son muy baratos. Consulte el tutorial de emacs, lea sus

Figura 8.1
El entorno KDE incluye un editor muy fácil de usar.

archivos de información (Esc+xinfo+Intro) y, si desea sacar el mayor partido de este editor, consulte un libro sobre **emacs**.

- **Ctrl+x+Ctrl+c.** Si responde *Yes* (Sí) a la pregunta **Quit Anyway?** (¿cerrar de todas formas?), el editor **emacs** se cerrará inmediatamente, sin guardar los cambios que haya realizado.

Otras utilidades de texto y de archivo

En este capítulo acabaremos de analizar las utilidades de texto, enseñándole a llevar a cabo tareas rutinarias y no tan rutinarias en archivos de texto.

Es posible que algunas de las cosas que se incluyen en este capítulo no le parezcan tan útiles. Sin embargo, si se utilizan en combinación con otros comandos, pueden resultar de gran utilidad. Si analiza los scrips *de shell (véase el Capítulo 14, "Scripts de shell básicos"), observará que Linux incluye utilidades que simplifican la tarea de programar.*

Cómo contar líneas, palabras y caracteres: wc

Si necesita obtener una estadística rápida acerca de un archivo de texto de su máquina, pero no quiere cargarlo en un procesador de textos, puede recurrir al comando wc para conseguir información sobre el número de líneas, palabras y caracteres que hay en un determinado archivo.

Si desea utilizar el comando wc, especifique el nombre del archivo que desea analizar, con la sintaxis wc <nombre del archivo>. Si pasa más de un nombre de archivo al comando **wc**, se procesarán todos los archivos y al final se devolverá el total de toda la información procesada.

Por ejemplo:

```
>wc *.txt
300     2799    16284 intro.txt
4944    43494   257939 lesson7.txt
5244    46293   274223 total
```

En este ejemplo, el comando **wc** ha procesado todos los archivos que tienen la extensión .txt del directorio actual (intro.txt y lesson7.txt). Se devuelven cuatro columnas de información para cada archivo. El primer valor corresponde al número de líneas del archivo, el segundo muestra el número de palabras que hay en el archivo y el tercero equivale al número de caracteres. En la última columna, obviamente, aparece el nombre del archivo. Si desea contar únicamente el número de líneas, de palabras o de caracteres, puede utilizar las opciones -l, -w o -c, respectivamente.

USOS DEL COMANDO WC

El comando wc se puede utilizar, por ejemplo, para contar el número de elementos que hay en los archivos de registro. Por ejemplo, para ver cuántas visitas ha recibido un servidor web desde la última vez que los archivos de registro se pusieron a cero, se puede utilizar un comando como el siguiente: -l /var/log/httpd/access_log. Este comando devolvería el número de líneas del archivo access_log. Puesto que cada línea equivale a una visita, se puede usar el comando wc para contar rápidamente el número de visitas.

Cómo ordenar la información: sort

Otra tarea útil que se puede llevar a cabo rápidamente con un comando predefinido es ordenar la información, en lugar de crear una utilidad especial para ello. Por ejemplo, supongamos que disponemos de un archivo llamado kiwi.txt que contiene los siguientes elementos:

```
Joan  92
Will  78
John  21
Kim   99
Kama  05
Jack  07
```

Es muy sencillo ordenar estos elementos manualmente (sin tener en cuenta, por ahora, los números), pero ¿qué ocurriría si, en lugar de seis elementos, aparecen miles de nombres? En ese caso, sí que resultaría útil ejecutar el comando **sort**. Vamos a intentar ejecutar este comando en el archivo kiwi.txt para ver qué ocurre:

```
>sort kiwi.txt
Jack  07
Joan  92
John  21
Kama  05
Kim   99
Will  78
```

Todo aparece ordenado, tal y como era de esperar. Pero, si en lugar de ordenar los elementos por su nombre, quisiera ordenarlos por su número, debería seguir estos pasos:

1. Piense cuál es la columna según la cual quiere realizar la ordenación. Informe al programa de su decisión utilizando **+<número de columna>** como argumento del comando.

2. Asimismo, debe indicarle al programa qué carácter separa las columnas. Para ello, utilice la opción **-t** . En este caso, son varios espacios los que separan las columnas; por tanto, utilice la opción **-t" "**.

3. Finalmente, como el número de espacios entre el nombre y el número varía según la línea, tendrá que utilizar la opción **ignore blanks (-b)** (no tener en cuenta los

espacios), para indicarle así al programa que considere un grupo de espacios como un único espacio.

Por ejemplo:

```
>sort +2 -t" " -b kiwi.txt
Kama  05
Jack  07
John  21
Will  78
Joan  92
Kim   99
```

Ha obtenido exactamente lo que esperaba, ¿verdad? Ahora el archivo está ordenado según los números de la segunda columna. El comando **sort** dispone de muchas más opciones, que puede investigar por su cuenta en las páginas del manual, pero estos ejemplos deberían bastarle para ver cómo se puede utilizar este comando para ordenar una gran variedad de datos con distintos formatos.

Cómo dividir archivos: split

Supongamos que tiene que enviar un archivo enorme por e-mail a un amigo, pero el sistema de e-mail de su amigo no permite recibir mensajes tan grandes como el suyo. ¿Tiene que escribir una utilidad especial para dividir archivos? No hace falta, esta utilidad ya existe en el propio sistema. Basándose en el número de líneas o bytes de un archivo, el comando **split** es capaz de dividir un archivo en segmentos del tamaño que desee. Si desea ejecutar el comando **split**, siga estos pasos:

1. Seleccione el archivo de entrada. En este caso, utilizaremos el archivo kiwi.txt del ejemplo anterior.

2. Especifique el número de líneas que quiere almacenar en cada archivo de salida. Para ello, escriba `-l <número de líneas>` como una opción para el

comando **split**. Si prefiere usar el número de kiloby-tes o megabytes, también puede hacerlo utilizando la opción -b con **k** o **m**. Por ejemplo, la opción -l 3 divide un archivo en segmentos de tres líneas cada uno. La opción -b 10k lo dividiría en segmentos de 10 K cada uno. Finalmente, la opción -b 10m crea-ría segmentos de 10 MB.

3. Elija un nombre de archivo de salida para los resulta-dos.

4. Invoque el comando **split** utilizando la sintaxis **split** <opciones de segmento> <archivo de entrada> <archivo de salida>.

Por ejemplo:

```
>split -l 3 kiwi.txt kiwisplit
>more kiwisplit*
::::::::::::::
kiwisplitaa
::::::::::::::
Joan  92
Will  78
John  21
::::::::::::::
kiwisplitab
::::::::::::::
Kim   99
Kama  05
Jack  07
```

Al archivo kiwi.txt del ejemplo anterior se le ha aplicado el comando **split** y se ha dividido en dos archivos de tres líneas cada uno: kiwisplitaa y kiwisplitab. A continuación se ha visualizado el contenido de los archivos ejecutando el comando **more**, ya que el comando **split** no ofrece al finali-zar información sobre el resultado de la operación.

Una vez que los archivos se han dividido en archivos de tamaño razonable, se pueden enviar al servidor de e-mail o a donde se desee. Éste es, tan sólo, otro ejemplo de una utilidad predefinida que le puede venir muy bien en el momento que menos se lo espere.

Para volver a unir los archivos, ejecute el comando cat de la forma siguiente: cat <nombre del archivo>*> <archivo completo>. De esta forma, se recuperarán todos los archivos que tengan el nombre de base especificado y se unirán para formar el archivo completo.

CÓMO TRABAJAR CON ARCHIVOS DE SALIDA

Normalmente, es mejor asignar a los archivos de salida nombres como completoarchivotodo.file, o algo que no se parezca en nada al <nombre base> y luego desplazarlos a la ubicación de destino o archivo final. Esto evitará posibles confusiones en aquellos casos en los que el usuario desea que el nombre del archivo final sea simplemente <nombre base>.

Diferencias y parches: diff y patch

Algo a lo que puede que esté acostumbrado es a crear documentos y a enviar revisiones de los mismos. Desafortunadamente, en la mayoría de los casos, probablemente tendrá que enviar copias completas de nuevos archivos cuando sólo se han cambiado unas cuantas palabras. En la comunidad de Linux se realiza un gran intercambio de información y el código fuente va de un lado a otro constantemente. En lugar de enviar siempre copias completas, la gente utiliza los comandos diff y patch para transferir únicamente la información que haya cambiado de un archivo a otro.

Uso del comando diff

La función diff utiliza dos archivos, un archivo de plantilla original y un archivo actualizado y, a su vez, genera un archivo parche que contiene toda la información necesaria para reconstruir el archivo actualizado a partir del archivo parche y el archivo de plantilla. Supongamos que dispone de un archivo original llamado archivooriginal.txt que contiene:

```
Now is the time for all good
kiwis to come to the aid of
puppies.
```

Hemos distribuido este archivo entre varios compañeros (sólo es un ejemplo, claro está). Sin embargo, pocos días después, actualizamos el archivo con uno nuevo, llamado archivoactualizado.txt, que contiene lo siguiente:

```
Now is the time for all good and bad
kiwis to come to the aid of
puppies and children.
```

En lugar de volver a distribuir el nuevo archivo archivooriginal.txt a todo el mundo, es posible crear un parche con todos los cambios que existan entre el original y el archivo nuevo. Para ello, se puede ejecutar el comando **diff** con la siguiente sintaxis: **diff <archivo de plantilla> <archivo actualizado> > <archivo parche>**. El archivo parche puede tener el nombre que se desee.

CÓMO REDIRECCIONAR LA SALIDA

El símbolo > en este ejemplo se utiliza para redireccionar la salida a un archivo específico, al que podemos asignar el nombre que queramos. En el Capítulo 12, "Entrada y salida", se explica este tema con más detenimiento.

Por ejemplo:

```
>diff archivoplantilla.txt archivoactualizado.txt > archivoparche.txt
```

El programa se ejecutará y volverá a aparecer una línea de comandos sin mensajes. Si le interesa visualizar lo que contiene el archivo parche, es libre de hacerlo utilizando el comando **cat** o **more**. En este ejemplo, el archivo parche resultante se denomina archivoparche.txt y se tendría que distribuir entre toda la gente que tenga el archivo original denominado archivooriginal.txt y necesite actualizarlo.

COMPARACIONES ENTRE ARCHIVOS

El comando diff también es útil para saber si dos copias de un mismo archivo son idénticas o no. Si dispone de varias copias de archivos similares, la forma de saber si estos archivos son idénticos o no y qué cambios se han realizado es ejecutando el comando diff. Si el comando diff no genera ninguna salida, significa que no hay diferencias entre los archivos.

Uso del comando patch

Ahora entra en juego el comando **patch**, que se invoca pasándole el nombre del archivo que se desea parchear, seguido del nombre del archivo parche.

Por ejemplo:

```
>patch archivoplantilla.txt archivoparche.txt
parcheando archivoparche file`archivoplantilla.txt'
```

Y eso es todo. El archivo con el nombre archivoplantilla.txt se ha actualizado y es idéntico al archivo denominado archivoactualizado.txt. Puede comprobarlo visualizando el archivo llamado archivoplantilla.txt.

```
>cat archivoplantilla.txt
Now is the time for all good and bad
kiwis to come to the aid of
puppies and children.
```

Si observa el archivo parche, se dará cuenta de que, más o menos, es del mismo tamaño que el archivo archivoactualizado.txt. Por tanto, se podría distribuir todo el archivo en lugar del parche. En el caso de archivos muy pequeños, como los que se usan en este ejemplo, casi realmente no merece la pena crear parches. Si estuviéramos trabajando con archivos de miles de líneas en los que se hubieran cambiado una o dos líneas en el medio, vería que el comando patch y el comando **diff** constituyen dos herramientas excelentes para evitar enviar un montón de información redundante.

IMPORTANTE

Nunca se debe olvidar de guardar una copia del archivo de plantilla. En este ejemplo, se ha aplicado el parche al archivo de plantilla y luego ese archivo se ha actualizado. Si todos los parches posteriores se crean a partir del archivo actualizado, no hay ningún problema. Sin embargo, si los parches se crean basándose en la plantilla original, ya no se podrá volver a crear un parche a partir del archivo archivoplantilla.txt.

Resumen

Esperamos que haya encontrado interesante este capítulo. Los comandos que ha aprendido deberían haberle ofrecido una visión general de toda la potencia del sistema operativo Linux. Quizá haya visto utilidades como éstas anteriormente en otros sistemas de escritorio, pero seguramente eran complementos o software de carácter comercial. En el caso de Linux, todo es gratuito y existen muchas más utilidades. A continuación, se incluye un resumen de los comandos explicados en este capítulo:

- **wc**. El comando **wc** puede contar de forma rápida los caracteres, líneas y palabras de un archivo o de un grupo de archivos.

- **sort**. El comando **sort** permite ordenar la información colocada en distintas líneas dentro de un archivo de texto. Este comando tiene en cuenta los conceptos de columnas y campos de datos. Por ello, puede utilizarla para ordenar datos en una gran variedad de formatos.

- **split.** Si posee archivos que son demasiado grandes para enviarlos por e-mail, grabarlos en un disquete, o cualquier otra cosa, puede utilizar el comando **split** para dividirlos en archivos más pequeños. El comando **split** es capaz de crear archivos que contengan un determinado número de líneas, kilobytes o megabytes.

- **diff/patch.** La utilización de los comandos **diff** y **patch** de forma conjunta permite distribuir actualizaciones de documentos, código fuente, etc. de manera eficaz. En lugar de enviar copias enteras de archivos actualizados, se puede ejecutar el comando **diff** para crear archivos parche, que sólo contienen los cambios que existen entre una versión de un archivo y la siguiente.

Herramientas de compresión y archivado

10

En este capítulo, el lector aprenderá a utilizar las herramientas más habituales de Linux para comprimir y realizar el archivado definitivo de los archivos. Asimismo, se explicarán algunas herramientas que se pueden utilizar para controlar el uso del disco.

Aunque la preocupación por el espacio del disco ya no es tan importante como en el pasado, en ocasiones sigue siendo necesario comprimir los archivos o agruparlos con el fin de archivarlos.

Cómo comprimir archivos

Antiguamente, el espacio de almacenamiento en el disco duro constituía un bien bastante costoso, tanto para las empresas como para los usuarios individuales.

LOS TIEMPOS CAMBIAN

Simplemente a título indicativo, en 1998 una unidad SCSI-1 de 80 MB costaba unas 50.000 pesetas y una antigua unidad MFM de 20 MB para PC-AT, que hace poco encontró un amigo con su factura original, costaba unas 110.000 pesetas. Hoy en día, con 50.000 pesetas se pueden comprar gigabytes de espacio de almacenamiento.

Con las unidades de disco duro tan baratas que existen hoy día, no es tan importante maximizar la eficacia del uso del disco como lo era en el pasado. Sin embargo, en algunos entornos, como en los colegios, sigue siendo importante ahorrar espacio. Si, en algún caso, tiene que usar un sistema en el que el espacio en disco sea muy importante, puede utilizar los comandos que describiremos en el apartado dedicado a la compresión de esta lección, con el fin de reducir el espacio que ocupan los archivos o lograr que quepa más información en el espacio del que disponga. Incluso en el caso de que el espacio del disco no sea importante, hay ocasiones en las que comprimir archivos puede ser muy útil; por ejemplo, cuando se envían archivos por correo electrónico o cuando se distribuyen por Internet.

Cuando trabaje con Linux, encontrará tres formatos de compresión principales: archivos **comprimidos** mediante el programa de Linux compress, archivos **.zip** creados con alguna versión del programa PKZip de Linux o de PC, y archivos **.gzip**, comprimidos mediante la utilidad gzip de GNU. Cada uno de estos formatos dispone de una serie de programas para comprimir y descomprimir archivos. Otra utilidad que ha aparecido recientemente es la utilidad de compresión **bzip2**, que, aunque es bastante nueva, parece prometer bastante como herramienta eficiente de compresión.

Utilización de los comandos compress, uncompress y zcat

El comando compress utiliza un antiguo formato de compresión UNIX que está desapareciendo a medida que el formato gzip va ganando popularidad. Los archivos que se crean con el comando compress tienen la extensión Z. Para utilizar el comando compress con vistas a comprimir un archivo, ejecute el comando **compress** **<nombre de archivo>**.

El comando **uncompress** descomprime los archivos que se han comprimido utilizando **compress**. Si desea utilizar **uncompress**, ejecute el comando **uncompress** **<nombre de archivo.Z>**.

El comando **zcat** es una versión del comando **cat** que sirve para leer archivos comprimidos en lugar de archivos de texto normales.

La utilización del comando **zcat** resulta tan intuitiva como la de los comandos **compress** y **uncompress: zcat <nombre de archivo.Z>**. Para que el comando **zcat** sea más útil, cuando el archivo que desea visualizar es de gran tamaño, puede **canalizar** la salida al visor de páginas que prefiera. Para ello, ejecute el comando **zcat <nombre de archivo.Z> |** **more**. La barra vertical, |, es el comando de canalización; es decir, canaliza la salida del comando que le precede a la entrada del comando que le sigue. En el Capítulo 12, "Entrada y salida", encontrará más información sobre este tema.

Por ejemplo, si posee un archivo comprimido denominado stuffed.X y desea leerlo sin tener que descomprimirlo primero, puede utilizar el siguiente comando:

```
> zcat stuffed.Z ¦ more
```

La máquina debería responder ejecutando el comando **more** para mostrar todas las páginas del documento.

Cómo utilizar los comandos zip y unzip

Los programas **zip** y **unzip** se basan en el algoritmo del programa PKZip, que es un estándar en el mundo del PC, y funcionan tal y como cabría esperar: **zip <nombre de**

archivo> para comprimir un archivo y unzip <nombre de archivo.z> para descomprimir los archivos.

No suele ser aconsejable crear archivos utilizando el formato zip (que en Linux, tienen la extensión .Z) para distribuirlos entre otros usuarios de Linux, ya que no todos los usuarios de Linux tienen disponibles los comandos zip y unzip (estas utilidades son de distribución gratuita, así que le recomendamos que solicite al administrador de su sistema que las instale si las necesita). No obstante, si va a distribuir los archivos entre usuarios de Macintosh o Windows, estos usuarios no tendrán ningún problema para leer el formato zip.

Tanto el programa zip como el programa unzip disponen de un número de opciones que pueden serle útiles. Se puede obtener una lista de estas opciones ejecutando cualquiera de los dos comandos seguido de la opción -h.

Utilización de los comandos gzip y gunzip

El conjunto de programas gzip de GNU se creó como respuesta al hecho de que los programas compress/uncompress se basaban en algoritmos propietarios, por lo que quizá algún día habría que pagar una licencia. Una vez más, los comandos gzip y gunzip funcionan básicamente como los comandos compress, uncompress y zcat. Los archivos comprimidos con el formato gzip tienen la extensión .GZ y normalmente ocupan menos espacio que los archivos que se comprimen mediante compress. Si lo desea, puede utilizar gzip/gunzip para trabajar con archivos Z (en formato compress).

¿A QUÉ CORRESPONDE LA EXTENSIÓN .BZ2?

Existe un nuevo formato de compresión que tiene un índice de compresión ligeramente mejor que el formato gzip; los archivos comprimidos con este formato se identifican por la extensión .BZ2. Los comandos que hay que utilizar para trabajar con estos formatos son bzip2 y unbzip2. La sintaxis es prácticamente idéntica a la de los comandos gzip y gunzip, por lo que no debería tener ningún problema a la hora de trabajar con ellos.

bzip2 y bunzip2

Aunque el compresor bzip2 ha aparecido hace relativamente poco en la escena de los sistemas de compresión de Linux/UNIX, parece que la compresión que realiza es mejor que la de los comandos compress o gzip. La sintaxis y las opciones de bzip2 son, intencionadamente, similares a las de gzip. Por tanto, si tropieza con este programa cuando aumente su popularidad, no debería tener grandes problemas para descubrir cómo funciona. Para comprimir un archivo con el comando bzip2, hay que utilizar el mismo formato del comando gzip; es decir, bzip2 <nombre del archivo>, lo que generaría el archivo comprimido <nombre del archivo.bz2>. Para descomprimir un archivo, basta con ejecutar el comando bunzip2 <nombredelarchivo.bz2>.

Parece que actualmente las utilidades bzip2 de compresión y descompresión todavía se encuentran en la fase de desarrollo, por lo que no sería sorprendente ver que los comandos evolucionan con el paso del tiempo (los archivos bzip2 y .bz2 son una actualización de un programa bzip anterior, que creaba archivos BZ). Si utiliza estos programas y necesita realizar operaciones de compresión o descompresión más complejas, le recomendamos que consulte las páginas del manual de su máquina Linux para obtener información más actualizada.

Cómo administrar el uso del disco

Si se encuentra en un sistema en el que sea importante el nivel de uso del disco, en el que tenga asignada una cuota de espacio de disco máxima a la que se deba ajustar, o si tan sólo tiene curiosidad por saber cuánto espacio ocupan sus archivos, existen varios comandos que puede utilizar para obtener estos datos:

- **ls**. Tal y como explicamos en el Capítulo 4, "El sistema de archivos", puede utilizar el comando **ls** con la opción **-l** para comprobar cuánto espacio ocupan uno o varios archivos en el disco. Si necesita analizar rápidamente los archivos para saber cuáles ocupan más espacio, ésta es la mejor forma de hacerlo.

- **find**. En el Capítulo 5, "Búsqueda de archivos", se incluía una introducción sobre cómo utilizar el comando **find** para buscar archivos de un tamaño determinado. Aunque su utilidad es parecida a la del comando **ls -l**, el comando **find -size #** es un método más rápido para recopilar información sobre todos los archivos cuyo tamaño supere los **#** kilobytes. Lo único que hay que saber es el tamaño de archivo que se busca.

- **df**. Es un comando que suelen utilizar los administradores de sistemas. Ofrece información sobre cómo se está utilizando el disco. Dependiendo de la versión de Linux que tenga, puede ser necesario emplear varias opciones del comando **df** para hacer que genere una salida legible. Sin embargo, el formato general que más interesa es **df ./**, que solicita al sistema de archivos que facilite información sobre la utilización de la unidad en la que se encuentra el directorio actual. Normalmente, la respuesta será un nombre de dispositivo lógico, que puede ignorar, seguido de información sobre la capacidad total del dispositivo, el porcentaje de disco utilizado en ese dispositivo y el **punto de montaje** del dispositivo (la ruta de acceso al directorio en el que aparece el dispositivo). Quizá tenga que probar distintas variaciones del comando, como df ./ o df -k ./ o bien consultar las páginas del manual para encontrar la opción que funciona en su versión de Linux.

- **du**. Es otro comando que utilizan los administradores de sistemas. Sirve para proporcionar información sobre el uso del disco por directorios. Una vez más, dependiendo de la versión de Linux que esté utilizando, la sintaxis será ligeramente diferente, pero el formato general que más le va a interesar es du -s *, que solicita al sistema de archivos que genere un resumen del uso del disco que hacen todos los elementos del directorio actual. Para cada uno de los elementos del directorio actual, el comando du -s* generará un resumen del espacio total de disco que ocupa el contenido de los archivos o directorios. Dependiendo de la versión de Linux que utilice, es posible que tenga que ejecutar el comando du junto con la opción -k para lograr que el programa le muestre el uso del disco en kilobytes (de lo contrario, le mostrará el uso de disco en el tamaño de bloque nativo del sistema de archivos, que normalmente equivale a 512 bytes).

Cómo archivar de forma definitiva los archivos: el comando tar

Si pasa mucho tiempo utilizando los sistemas Linux, no le quedará más remedio que usar los archivos tar. **Tar** es la abreviatura de *tape archive* (archivo definitivo en cinta), aunque el comando tar y su salida apenas se usan ya para archivar en cinta. De esta tarea se encargan programas más sofisticados y potentes. Sin embargo, el comando tar sigue siendo una herramienta muy cómoda y útil para archivar y distribuir archivos personales.

El comando **tar**, en su forma más simple, crea o descomprime archivos definitivos. Para crear un archivo definitivo, hay que proporcionar al comando **tar** un nombre de archivo definitivo y la lista de archivos que se desea incluir en él. A continuación, el programa recopila todos los archivos y los incluye en un único archivo tar, que el usuario puede guardar para uso futuro o bien distribuir de forma conveniente a través de Internet, FTP ·o e-mail. Cuando se descomprimen archivos definitivos, hay que proporcionar al comando **tar** el nombre de un archivo tar definitivo, para que extraiga el contenido del archivo en el directorio actual, con los mismos nombres de archivo, rutas de acceso y contenido que había en el sistema en el que se creó el archivo tar.

Si desea utilizar el comando **tar** para crear un archivo definitivo, siga estos pasos:

1. Especifique el nombre que desea dar al archivo definitivo tar (normalmente llevará la extensión .tar).

2. Especifique los nombres de los archivos que desea incluir en el archivo tar o el nombre del directorio cuyo contenido desea archivar.

3. Ejecute el comando **tar** de la forma siguiente: **tar -cvf <nombre de archivo.tar> <archivos o directorios>**.

Por ejemplo, si posee un directorio llamado montones-de-cosas en el directorio actual, podría archivar todo el contenido de montones-de-cosas (todos los archivos, todos los directorios, todos los archivos de todos los directorios, etc.) introduciendo el comando:

```
> tar -cvf todojunto.tar montones-de-cosas
```

Puesto que ha introducido la opción **-v** (es decir, la opción **verbose**) la máquina le informará de todos los archivos que se están procesando y al final tendrá un nuevo archivo tar llamado todojunto.tar. Este nuevo archivo incluirá todo el contenido del directorio montones-de-cosas, así como la estructura del directorio y la información sobre los atributos de archivo.

Para descomprimir un archivo tar, ejecute el comando **tar -xvf** <nombre del archivo tar.tar>.

Si quisiera dar este archivo a un amigo, éste podría descomprimir el archivo tar ejecutando el comando:

```
> tar -xvf todojunto.tar
```

Además de un listado de todo el contenido del archivo (por la opción -v), su amigo tendría un nuevo directorio llamado montones-de-cosas en el directorio actual, que contendría lo mismo que su directorio montones-de-cosas original. También aparecerían todos los subdirectorios de su directorio montones-de-cosas, así como su contenido.

SEA CONSIDERADO AL USAR EL COMANDO TAR

Si no sabe lo que hay en un archivo tar, debería usar el comando tar -tvf <archivo tar.tar> antes de descomprimirlo. La opción -t es la opción tell (decir) y sirve para solicitar a tar que le informe sobre el contenido del archivo, en lugar de descomprimirlo. Ésta es una forma útil de determinar si la persona que creó el archivo tar fue considerada y lo colocó todo en un directorio antes de ejecutar el comando tar o si, por el contrario, se trataba de un usuario desconsiderado y no lo colocó todo en el directorio actual antes de ejecutar el comando tar. Si se encuentra con un archivo tar creado por un usuario desconsiderado y comete el error de descomprimirlo en un lugar equivocado (en su directorio principal, por ejemplo), el programa tar acabará esparciendo archivos por todo el directorio principal. Después tendrá que perder tiempo buscando todos los archivos y colocándolos manualmente en un subdirectorio, lo que podría acabar siendo una tarea muy tediosa. Intente ser un usuario considerado: ejecute el comando tar sobre directorios, no sobre archivos.

Cómo preparar los archivos para enviarlos por e-mail: uuencode y uudecode

Si tiene que enviar sus archivos a otro usuario, puede hacerlo fácilmente adjuntándolos en un mensaje de e-mail. El programa PINE, por ejemplo, le permite adjuntar un archivo presionando la combinación de teclas Ctrl+J. Si no dispone de este programa en su sistema, puede hacer uso del antiguo estándar de codificación, el programa uuencode. Este comando permite codificar archivos para transmisión incluso en las instalaciones más básicas de Linux. El programa uuencode acepta cualquier archivo como entrada y genera un archivo codificado que se puede incluir en un mensaje de e-mail. El contenido de este archivo presenta un aspecto de caracteres aleatorios, pero cuando el destinatario reciba el mensaje, podrá utilizar el programa uuencode para extraer el archivo original. Como cada programa de e-mail es diferente, será necesario consultar la documentación del cliente de e-mail para saber cómo incluir un archivo en un mensaje. En este libro sólo le enseñaremos a crear un archivo codificado a partir del original y cómo decodificarlo después en otro lugar.

Si desea utilizar el comando uuencode (codificar), debe seguir estos pasos:

1. Especifique el nombre del archivo que desea codificar para enviarlo por e-mail.

2. Especifique el nombre que desea que tenga dicho archivo cuando llegue al destinatario.

3. Ejecute el comando uuencode <nombre del archivo> <nombre para destinatario> > <nombre del archivo>.uue (es necesario añadir el carácter > antes del argumento <nombre del archivo>.uue).

A continuación, el sistema debería generar un archivo llamado <nombre del archivo>.uue que contenga la versión codificada del archivo original.

Por ejemplo, si dispone de un archivo llamado enviarajuan y desea codificarlo, debería ejecutar el comando:

```
> uuencode enviarajuan holajuan> juan.uue
```

El sistema generará entonces un archivo llamado juan.uue, que, cuando Juan lo decodifique, se llamará holajuan y contendrá lo mismo que el archivo enviarajuan.

Ahora puede copiar y pegar, adjuntar o hacer lo que sea necesario para insertar el archivo que acaba de crear en un mensaje de e-mail y enviarlo al destinatario que desee.

Si recibe un archivo codificado, tendrá que saber cómo decodificarlo. Decodificar un archivo codificado es extremadamente sencillo: tan sólo hay que ejecutar el comando uudecode <nombre del archivo.uue>.

Una vez ejecutado este comando, el sistema debería generar un archivo en el directorio actual que sea idéntico al archivo original codificado.

NOTA SOBRE LOS ARCHIVOS .UUE

El nombre del archivo .uue y el nombre del archivo descodificado no tienen por qué ser iguales. En ocasiones, esto puede dar lugar a confusión. Si recibe un archivo denominado fuzzykiwi.uue y, al ejecutar el comando uudecode fuzzykiwi.uue, no encuentra en su directorio ningún archivo con el nombre fuzzykiwi, no se preocupe. El archivo codificado especifica tanto el nombre como el contenido deseados. Para averiguar cuál va a ser el nombre del archivo decodificado, utilice el comando head para visualizar las primeras líneas del archivo codificado. El nombre del archivo decodificado aparecerá en la primera línea.

Herramientas de archivado del entorno KDE

Los entornos de escritorio también proporcionan cómodas herramientas de compresión y archivado con la capacidad de arrastrar y colocar. El entorno KDE, por ejemplo, incluye la herramienta de archivado y compresión KZip.

Para acceder a la herramienta KZip, haga clic en el símbolo **K** de la barra de herramientas de KDE, seleccione la opción **Utilities** (utilidades) en el menú emergente y la opción **Zip** (comprimir) en el submenú. Aparecerá una ventana similar a la que se muestra en la Figura 10.1.

La herramienta KZip del entorno KDE funciona con archivos tar y gzip: seleccione la opción **Open** (abrir) en el menú **File** (archivo) y elija el archivo correspondiente. La herramienta KZip proporciona características muy cómodas como, por ejemplo, la visualización del contenido de un elemento del archivo comprimido haciendo doble clic en el elemento, o el poder arrastrar y colocar archivos adicionales hasta los archivos comprimidos.

Resumen

Cuando necesite ahorrar espacio en el disco o agilizar la transmisión de archivos, quizá tenga que compactar los archivos empleando alguna utilidad de compresión. En esta lección se explica cómo utilizar el software de compresión de Linux. A continuación se incluyen los puntos más importantes de lo que ha aprendido:

- Las tres utilidades de compresión más usadas en los sistemas Linux son: el omnipresente comando **compress**, el novedoso (y más inteligente) comando **gzip** y los programas **zip** multiplataforma. El comando

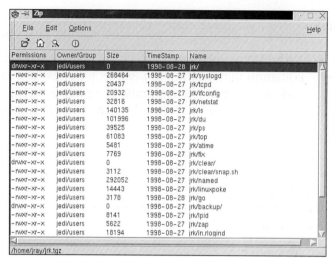

Figura 10.1
El administrador de archivado predefinido del entorno KDE, denominado Kzip, puede gestionar sus archivos de forma gráfica.

bzip2, que parece realizar una compresión mejor que los comandos **compress** o **gzip**, constituye una novedad en la escena de los programas de compresión de Linux/UNIX.

- Cuando desee proporcionar una serie de archivos a otros usuarios o archivar definitivamente varios archivos para un uso futuro, puede utilizar el comando **tar** para comprimir todos sus archivos en un cómodo paquete.

- Debe ser considerado con otros usuarios y no utilizar el comando **tar** para guardar archivos individuales. En lugar de ello, coloque todos los archivos que desee en un directorio y ejecute el comando **tar** con el directorio.

- Si necesita enviar un archivo a alguien por e-mail, puede codificarlo utilizando el comando **uuencode**.

- No se preocupe si decodifica un archivo mediante el comando **uundecode** y no encuentra el archivo en un primer momento; encontrará el nombre del archivo real en texto legible al principio del archivo codificado.

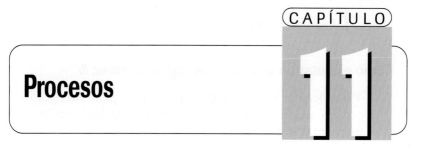

Procesos

En este capítulo, el lector aprenderá a trabajar con procesos: cómo visualizarlos, cómo destruirlos y cómo modificarlos a su antojo.

Todo lo que haya ejecutado hasta ahora en el sistema y todo lo que vaya a ejecutar en las próximas lecciones ha generado **procesos** en su sistema. Cada comando da lugar a un proceso que el sistema operativo Linux ejecuta, hasta que dicho proceso finaliza o es destruido. A diferencia de lo que ocurre en algunos sistemas operativos de escritorio, en Linux se pueden crear procesos que se ejecutan completamente en segundo plano, o bien que se inician y se ejecutan por la noche sin que el usuario tenga ni siquiera que iniciar la sesión en la computadora.

Cómo ejecutar más de un comando al mismo tiempo

Linux le permite ejecutar más de un comando al mismo tiempo. Esta capacidad recibe el nombre de **multitarea** y también está disponible en otros sistemas operativos. Lo que diferencia a Linux es que pueden ejecutarse tareas habituales en segundo plano, incluso después de cerrar la sesión en el sistema.

Cómo ejecutar un comando en segundo plano: &

Para ejecutar un comando en segundo plano tan sólo es necesario añadir el símbolo & al final de la línea en la que se encuentra el comando.

Por ejemplo, suponga que ejecutamos un programa para analizar los archivos de registro del servidor web analog. Puesto que la mayoría de los análisis de registro suelen tardar bastante tiempo en los servidores web con un alto nivel de actividad, no es muy probable que el usuario desee esperar hasta que el comando termine de ejecutarse. Para ejecutar el programa analog en segundo plano, habría que escribir el siguiente comando:

```
>analog /var/log/httpd/access_log &
[3] 32566
>
```

Los resultados son un poco crípticos, pero fíjese en que ha regresado a la línea de comandos y está listo para ejecutar otro comando. Los dos números que se devuelven identifican el proceso en el sistema. El primer resultado, [3], indica que este proceso es el tercer proceso que se ha situado en segundo plano. El segundo número, 32566, equivale al identificador del proceso. El sistema Linux es capaz de tener cientos de procesos ejecutándose al mismo tiempo, y a cada uno se le asigna un número individual. El número que se le asigne al proceso es el que se devuelve como segundo resultado.

CÓMO EJECUTAR MÁS DE UN COMANDO

Para ejecutar varios comandos, uno tras otro, y situarlos todos en segundo plano, se puede utilizar la siguiente sintaxis: (<comando 1>; <comando 2>; <comando 3>) &. De este modo, se genera un nuevo *shell* para ejecutar los comandos y se sitúa también en segundo plano. Por ejemplo, si quisiera ejecutar el comando analog en dos archivos, podría utilizar el siguiente comando: (analog/var/log/httpd/access_log; analog /var/log/httpd/new_access_log) &.

Cómo detener un comando y ponerlo en segundo plano: Ctrl+z y bg

Si inicia un comando sin ponerlo previamente en segundo plano, también tiene la posibilidad, si así lo desea, de convertirlo en un proceso de segundo plano. Supongamos que ha iniciado el comando **analog** sin añadir al final de la línea del comando el signo **&**.

Por ejemplo:

```
>analog /var/log/httpd/access_log
```

Para convertirlo en un proceso en segundo plano, debe pulsar en primer lugar la combinación de teclas Ctrl+z para detener el proceso:

```
<Ctrl+z>
[3]+ Stopped              analog /var/log/httpd/access_log
```

El comando **analog** queda interrumpido y se le asigna el número de proceso 3. Recuerde que este número no equivale al identificador de proceso; tan sólo identifica el número de proceso localmente en la sesión, no en todo el sistema.

Finalmente, para poner el comando **analog** en segundo plano, utilice el comando **bg** seguido del número de proceso local que desea poner en segundo plano: **bg <número de proceso>**. En este ejemplo, al comando **analog** se le ha asignado el número de proceso 3 y ese número será el que se use en combinación con **bg**.

```
>bg 3
[3]+ analog /var/log/httpd/access_log &
```

En respuesta, Linux indica que la utilidad **analog** ya está funcionando en segundo plano con el símbolo **&** y el usuario puede seguir utilizando el sistema.

Cómo volver a poner un proceso en primer plano: fg

En el caso de que un proceso se ponga en segundo plano de forma accidental, o bien el usuario desee volver a poner un proceso en primer plano, con el fin de controlar su estado, se puede ejecutar el comando fg seguido del número de proceso para volver a situar el proceso en primer plano: fg <número de proceso>.

Por ejemplo, cuando se puso el proceso analog en segundo plano, se le asignó el número de proceso local 3. Para volverlo a poner en primer plano, es necesario, por tanto, ejecutar el siguiente comando:

```
>fg 3
analog /var/log/httpd/access_log
```

Ahora el usuario puede volver a controlar por completo el proceso analog, ya que se está ejecutando en primer plano.

¿QUÉ HACER SI NO SE RECUERDA EL NÚMERO DE PROCESO?

Si no recuerda el número de proceso local, utilice el comando jobs. Este comando proporciona una breve lista de todos los procesos que se han detenido o se han puesto en segundo plano, junto con los números asociados a ellos.

Cómo obtener una lista de los procesos que se están ejecutando: ps

Si empieza a utilizar realmente las capacidades que ofrece Linux para poner procesos en segundo plano, llegará un momento en que deseará saber qué es lo que se está ejecutando. Para ello, puede utilizar el comando ps. Este comando devuelve una lista de todos los procesos que posee el usuario en ese momento.

Por ejemplo:

```
>ps
  PID TTY STAT   TIME COMMAND
 8832  p1 R      0:00 ps
30674  p1 S      0:00 /bin/login -h
➡NEW93114217.columbus.here.com -p
30675  p1 S      0:00 -bash
31136  p1 T      0:00 analog /var/log/httpd/access_log
```

En el listado aparecen todos los comandos que se están ejecutando en este momento. En las columnas aparece el identificador de proceso del sistema (PID), el terminal de control, el estado del proceso (en ejecución, en espera, etc.) y el nombre del proceso. Éstos son sólo los procesos que posee el usuario. Si desea visualizar todos los procesos que se están ejecutando en ese momento, intente ejecutar el comando **ps ax**, con el que obtendrá una lista de todos los procesos de usuario (-a) y de todos los procesos que no disponen de un terminal de control (-x). El comando **ps** dispone de un gran número de opciones con las que se pueden obtener toneladas de información. Si lo desea, consulte las páginas del manual para conocer más detalles. Lo más importante, en este momento, es que se puede obtener una lista de los procesos que se estén ejecutando en el sistema y de sus identificadores correspondientes.

Cómo destruir un proceso: kill

La palabra "*kill*" (matar) puede resultar algo violenta para referirse a la interrupción de un proceso, pero resume bastante bien el sentido de lo que ocurre al ejecutar el comando **kill**. Cuando se destruye un proceso, se interrumpe todo lo que se estuviera haciendo, fuera lo que fuera. Si está editando un archivo, corre el riesgo de perder todo el archivo si destruye el proceso, en lugar de salir de él normalmente.

Cómo utilizar el comando kill

Aunque el comando kill se utiliza principalmente para interrumpir procesos, también se puede utilizar para enviar señales a un proceso. Dependiendo de la señal que se envíe, el proceso puede volver a cargar los archivos de configuración y reinicializarse. Esto resulta de gran utilidad cuando se está ejecutando algo, como un servidor web, y necesita añadir un tipo MIME o alguna otra cosa sin cerrar el servidor. Para ver una lista de las señales que puede enviar mediante el comando kill, invoque el comando mediante kill -l.

```
>kill -1
 1) SIGHUP       2) SIGINT      3) SIGQUIT     4) SIGILL
 5) SIGTRAP      6) SIGIOT      7) SIGBUS      8) SIGFPE
 9) SIGKILL     10) SIGUSR1    11) SIGSEGV    12) SIGUSR2
13) SIGPIPE     14) SIGALRM    15) SIGTERM    17) SIGCHLD
18) SIGCONT     19) SIGSTOP    20) SIGTSTP    21) SIGTTIN
22) SIGTTOU     23) SIGURG     24) SIGXCPU    25) SIGXFSZ
26) SIGVTALRM   27) SIGPROF    28) SIGWINCH   29) SIGIO
30) SIGPWR
```

En muchas ocasiones, en la documentación de los programas de software se incluye información sobre las señales a las que pueden responder. Las señales que más utilizará son SIGHUP y SIGKIL. La señal SIGHUP obliga, a menudo, a que se vuelva a cargar la información de configuración para los procesos servidores. Sin embargo, la señal SIGKILL obliga al comando a finalizar el proceso, con independencia de qué proceso se trate. Para enviar una de estas señales, ejecute el comando kill -<número de señal> <identificador del proceso> <identificador del proceso>.

Por ejemplo, para destruir el proceso número 31136, habría que ejecutar este comando:

```
>kill -9 31136
[2]+ Killed                 analog /var/log/httpd/access_log
```

Si vuelve a examinar el listado de procesos, verá que el número de proceso 31136 ha desaparecido. Esto significa que se ha destruido con éxito.

```
>ps
  PID TTY STAT  TIME COMMAND
18303  p1 R     0:00 ps
30674  p1 S     0:00 /bin/login -h
➡NEW93114217.columbus.here.com -p
30675  p1 S     0:00 -bash
```

No cabe duda de que el comando kill ha eliminado el proceso número 31136 y el comando analog ya no se está ejecutando en el sistema.

Cómo salir de un *shell* para destruir un proceso

Si ha puesto varios procesos en segundo plano, es muy probable que no necesite destruirlos de forma explícita cuando cierre la sesión en el sistema. El *shell* enviará una señal SIGHUP a todos los procesos que se hayan iniciado, lo que probablemente los destruirá. Si desea crear un proceso que no se destruya cuando salga del *shell*, utilice el comando nohup.

Cómo evitar la destrucción de un proceso: nohup

El comando nohup puede preceder a cualquier otro comando y evitará que dicho comando se destruya mediante la señal SIGHUP. El comando nohup evita que las señales HUP destruyan un determinado proceso (HUP es la contracción de *hangup*, que significa colgar). Por ejemplo, si quiere evitar que el proceso analog se destruya al salir del *shell*, sería necesario ejecutar el siguiente comando:

```
>nohup analog /var/log/httpd/access_log &
nohup: appending output to `nohup.out'
```

De esta forma, el programa analog se ejecutará en segundo plano y se evitará que se destruya al salir del *shell*. El sistema también nos indica que todas las salidas que genere el comando se almacenarán en un archivo llamado nohup.out.

Prioridad de los procesos: nice y renice

Los procesos que se ejecutan en Linux poseen distintos niveles de prioridad. El nivel de prioridad que se asigne a un proceso puede determinar el tiempo que tarde en completarse, así como el tiempo de ejecución de otros procesos en el sistema. A los procesos se les asignan **fragmentos** de tiempo en el procesador de la computadora. El nivel de prioridad determina cuántos de estos fragmentos corresponden a un determinado proceso. No es aconsejable ejecutar una tarea que haga un uso intensivo de la computadora, y que no sea necesario que se complete rápidamente, y permitirle que utilice todo el tiempo del procesador.

Los niveles de prioridad en Linux oscilan entre -20 y 20, siendo 0 el nivel de prioridad predeterminado. Aunque quizá debería ser al revés, -20 corresponde al nivel de prioridad más alto que puede tener un proceso, mientras que 20 corresponde al menor. Para controlar la prioridad de los procesos, se utilizan los comandos nice y renice.

Cómo utilizar el comando nice

El comando nice también se utiliza como prefijo del comando que se desee ejecutar. La sintaxis para el comando nice sería nice -n <prioridad> <comando>. Retomando el ejemplo del comando **analog** que hemos estado utilizando en esta lección, vamos a ejecutar el comando **analog** con la prioridad más baja. La tarea de analizar archivos de registro no es de gran prioridad; por ello, no es necesario ejecutarlo rápidamente.

Por ejemplo:

```
>nice -n 20 analog /var/log/httpd/access_log &
```

De este modo, se pone el comando **analog** en segundo plano y se le asigna un nivel de prioridad 20. Recuerde que 20 es el nivel de prioridad más bajo que puede tener un proceso.

CÓMO CAMBIAR EL NIVEL DE PRIORIDAD

Los usuarios normales no pueden especificar niveles de prioridad por debajo de 0. Únicamente lo puede hacer el usuario root. Mire la cuestión desde este punto de vista: si ejecuta el programa sin el comando nice, obtendrá el mayor nivel de prioridad que un usuario normal puede conseguir, mientras que el comando nice se puede utilizar para facilitar la tarea a otros usuarios, haciendo que el programa sea más "amable" con ellos (nice quiere decir amable en inglés).

Cómo utilizar el comando renice

Supongamos, sin embargo, que ha iniciado un comando con el nivel de prioridad predeterminado y éste lleva ejecutándose todo el día y no sabe cuándo va a finalizar. Este tipo de tiempo de ejecución es normal en muchas aplicaciones científicas y de análisis de datos. Supongamos que queremos reducir el nivel de prioridad y dejar que el comando finalice cuando lo tenga a bien. Puede utilizar el comando **renice** para cambiar la prioridad de un comando que ya se esté ejecutando.

Para ello, siga estos pasos:

1. En primer lugar, obtenga un listado de todos los procesos y apunte el identificador (PID) del proceso que desea modificar.

2. Ejecute el comando renice utilizando la siguiente sintaxis: renice <prioridad> <número del identificador>.

Por ejemplo:

```
>ps
  PID TTY STAT  TIME COMMAND
 8832  p1 R    0:00 ps
30674  p1 S    0:00 /bin/login -h
➥NEW93114217.columbus.here.com -p
30675  p1 S    0:00 -bash
31136  p1 R    0:00 analog /var/log/httpd/access_log
```

Vamos a cambiar el comando analog (PID 31136) para que se ejecute con menos prioridad. Para ello, habrá que ejecutar el comando renice de la forma siguiente:

```
>renice +10 31136
31136: old priority 0, new priority 10
```

El proceso 31136 se está ejecutando ahora con la prioridad 10, en lugar de con la prioridad 0 que tenía en un principio.

EL PODER DEL SUPERUSUARIO

Es importante señalar que el superusuario (usuario root) es el único que tiene la capacidad de aumentar la prioridad de un proceso que se esté ejecutando. Un usuario sólo puede disminuir la prioridad de un proceso. Por tanto, no debe disminuir la prioridad de ningún proceso pensando que luego puede aumentarla si se ejecuta de forma demasiado lenta. Una vez disminuida la prioridad, no podrá aumentarla, a menos que el administrador del sistema se lo permita.

Cómo supervisar los procesos de la computadora: top

Para visualizar los procesos que se están ejecutando en su computadora, tan sólo tiene que ejecutar el comando top. Este comando genera un listado que se actualiza de forma continua, en el que se especifican los procesos, el tiempo que están consumiendo y su prioridad. Para salir de top, presione la secuencia de ruptura de Linux (Ctrl+c). Los procesos que utilizan una mayor parte del tiempo del procesador aparecen en la parte superior del listado.

```
>top
 9:47pm  up 2 days,  5:44,  2 users,  load average:
➡0.07, 0.02, 0.00
83 processes: 82 sleeping, 1 running, 0 zombie, 0 stopped
CPU states:  1.8% user,  4.8% system,  0.0% nice, 93.4% idle
Mem:   63100K av,  57324K used,  5776K free,  34064K shrd,
➡5316K buff
Swap: 128924K av,     0K used, 128924K free
➡36656K cached

  PID USER     PRI NI SIZE  RSS SHARE STAT LIB %CPU %MEM
➡TIME COMMAND
12448 jray      15  0  740  740   556 R      0  6.5  1.1
➡0:01 top
12435 root       0  0  692  692   528 S      0  0.1  1.0
➡0:00 in.telnetd
    1 root       0  0  412  412   344 S      0  0.0  0.6
➡0:02 init
    2 root       0  0    0    0     0 SW     0  0.0  0.0
➡0:00 kflushd
    3 root     -12 -12   0    0     0 SW<    0  0.0  0.0
➡0:00 kswapd
  521 root       0  0  888  888   676 S      0  0.0  1.4
➡0:00 CGServer
  498 root       0  0  316  316   260 S      0  0.0  0.5
➡0:00 mingetty
  436 root       0  0  628  628   516 S      0  0.0  0.9
➡0:00 safe_mysqld
  ...
```

Se obtiene muchísima información y, si observa la pantalla, verá que el listado se va actualizando en tiempo real. Aparece también el porcentaje de procesador utilizado, la memoria y muchos otros detalles. Si desea obtener más información, consulte la página del manual acerca del comando top.

Cómo planificar la ejecución de comandos: at y cron

Junto con la capacidad de ejecutar procesos en segundo plano, Linux ofrece la capacidad de programar procesos para que se ejecuten en un momento determinado, incluso sin necesidad de iniciar la sesión en la computadora. Existen dos formas de configurar la máquina Linux para ejecutar un comando en un momento determinado. Desafortunadamente, esta capacidad puede estar desactivada, dependiendo del nivel de control que haya decidido implementar el administrador del sistema. En ocasiones, puede ser peligroso permitir a los usuarios que planifiquen la ejecución de los comandos para cualquier momento que deseen. Los dos comandos que puede utilizar son crontab y at.

• cron. Se ejecuta de forma constante en el sistema y probablemente ya esté en funcionamiento para ejecutar rotaciones de registro y distintos comandos de limpieza en el sistema. Puede crear un archivo personal crontab, que contenga información sobre el intervalo con el que desea que se ejecute un comando, y luego puede utilizar el comando crontab <nombre de archivo> para añadir su petición al archivo crontab del sistema. El comando cron permite ejecutar comandos a intervalos tan reducidos como un segundo o tan largos como un año.

- **at**. Le permite ejecutar un comando una vez, en lugar de cada cierto tiempo. Resulta útil si desea realizar una tarea intensa para el procesador y prefiere ejecutarla cuando finalice el horario de trabajo, para que no se vean afectadas otras tareas.

Antes de intentar usar el comando **cron** o el comando **at**, debería consultar al administrador del sistema. Si ejecuta procesos de forma planificada sin el debido cuidado, pueden verse afectados otros usuarios y, si se planifican varios procesos incompatibles para que se ejecuten al mismo tiempo, el rendimiento del sistema puede degradarse considerablemente.

Procesos del entorno KDE

Si ya ha estado utilizando el entorno KDE, algo de lo que no nos cabe duda, le resultará obvio que puede ejecutar varios programas al mismo tiempo. Como cabría imaginar, cada uno de estos programas se ejecuta con su propio PID. El entorno KDE ejecuta cada uno de estos programas de forma separada y, por tanto, en realidad, ya están compartiendo tiempo del procesador: no hay ningún programa en primer plano ni en segundo plano. El usuario puede modificar la prioridad de los procesos desde la línea de comandos, del mismo modo que en cualquier otro programa. Si sale del entorno KDE, se destruirán todos los procesos activos que se estuvieran ejecutando.

Resumen

En este capítulo hemos aprendido muchas cosas. Es posible que, al principio, le cueste un poco entender el concepto de procesos, pero, dependiendo del uso que haga de su sistema, es posible que lo único que necesite saber es cómo poner un proceso en segundo plano. Si sólo utiliza el entorno KDE, encontrará que los procesos funcionan de la misma forma que en cualquier sistema operativo de escritorio. A continuación, vamos a revisar los puntos más importantes de esta lección:

- **&.** El símbolo **&** se puede usar para poner procesos en segundo plano. Lo puede utilizar si va a ejecutar algún programa que requiera mucho tiempo y necesite poca, o ninguna, interacción con el usuario.

- **bg/fg.** Los comandos **bg** y **fg** se pueden utilizar para mover procesos del primer plano al segundo y viceversa.

- **ps.** El comando **ps** sirve para hacer un listado de todos los procesos que se están ejecutando en el sistema. También puede ver los procesos que controlan otros usuarios, pero no podrá modificar su prioridad o destruirlos (los procesos, no los usuarios).

- **kill.** Este comando se utiliza para enviar una señal a un proceso. Normalmente, esta señal sirve para finalizar la ejecución del proceso. En otros casos, puede hacer que un programa vuelva a leer el archivo de configuración o se reinicialice.

- **nohup.** Al salir de un *shell*, se envía una señal **SIGHUP** (colgar) a todos los procesos que se estén ejecutando en dicho *shell*. Para permitir que un proceso siga ejecutándose incluso después de cerrar la sesión, utilice el comando **nohup**.

- **nice/renice.** Todos los procesos del sistema tienen un nivel de prioridad. Esta prioridad determina la cantidad de tiempo del procesador que recibe un proceso para completar su tarea. Los niveles de prioridad oscilan entre -20 y 20, siendo el -20 la prioridad mayor.

- **top.** El comando **top** muestra los procesos que se están ejecutando en el sistema y que están utilizando más tiempo del procesador. El listado se actualiza de forma constante y, por tanto, puede ver cuánto tiempo de procesador utilizan los procesos nuevos que se van añadiendo al sistema.

- **at/crontab.** Los comandos se pueden planificar para que se ejecuten en determinados momentos en el sistema. Para ello, se utilizan los comandos **at** y **crontab**. No obstante, antes de intentar planificar la ejecución de un comando, consulte con el administrador del sistema y lea las páginas correspondientes del manual.

- **KDE.** En el entorno KDE, todos los procesos se ejecutan al mismo tiempo. No es necesario poner los procesos en primer o segundo plano manualmente. Sin embargo, el usuario puede modificar la prioridad de las aplicaciones del entorno KDE desde la línea de comandos, del mismo modo que se modifica la prioridad de otros procesos.

Entrada y Salida

12

En este capítulo, el lector aprenderá a gestionar la entrada y la salida de los procesos en Linux y la comunicación entre procesos.

Ahora que ya ha aprendido algo sobre la forma de trabajar en Linux, su sistema de archivos y la gestión de sus procesos, es el momento de empezar a unir toda esa información y explorar la verdadera potencia de Linux. En esta lección aprenderá a utilizar una de las herramientas fundamentales de Linux, que es la responsable de que este sistema operativo sea tan útil: la comunicación entre procesos mediante el redireccionamiento de entrada y salida.

La característica que hace que Linux y UNIX sean mucho más potentes que el resto de los sistemas operativos de escritorio normales es la forma tan simple, pero sorprendentemente efectiva, en la que abstraen la entrada y la salida de los procesos. Para entender el modelo en el que Linux basa la entrada y la salida, podemos imaginar que el sistema operativo considera los datos que un usuario introduce en un programa como un flujo de información. La salida que el programa devuelve al usuario también se considera un flujo de información. Y, si lo que un usuario introduce en un programa es un flujo de información, ¿qué importancia tiene para el sistema operativo si quien *proporciona ese flujo es un usuario, un archivo o incluso otro programa? Una vez que entienda el modelo de entrada y salida como simples flujos de datos, observará que, desde el punto de vista del sistema operativo, los extremos de ese flujo son algo irrelevante. Mientras que el origen de los datos de entrada proporcione la información que necesita el programa, no importa de dónde proceda. Del mismo modo, siempre que el destino del flujo de salida "se comporte como un usuario", el sistema operativo no tiene por qué preocuparse de cuál es ese destino.*

¿Cómo pone Linux este modelo a disposición del usuario? Mediante el concepto de **redireccionamiento** *de la salida y la entrada.*

Redireccionamiento

Con el fin de acostumbrar al usuario a esta visión del mundo basada en flujos de información, Linux define algunos conceptos a los que se deben ajustar los programas. Más concretamente, Linux define varias **conexiones de información** para cada programa y permite que el usuario pueda manipular el origen y el destino de estas conexiones.

STDIN

La conexión de entrada de un programa se denomina **STDIN** (*standard input*, entrada estándar). Un programa puede esperar que el flujo de datos procedente del usuario (o de cualquier otro sitio) aparezca en la entrada STDIN.

Cuando interactuamos con un programa basado en la línea de comandos, el programa lee desde la entrada STDIN los datos que se introducen. Si prefiere no introducir los datos manualmente, puede colocarlos en un archivo y **redireccionar** el archivo a la entrada STDIN del programa. Un programa que podemos utilizar como ejemplo es **spell**. El comando **spell** sirve para localizar erratas. Proporcionándole una entrada a través de STDIN, el comando **spell** la analiza, la comprueba con un diccionario y devuelve todas las erratas que encuentra. Desde la línea de comandos, se podría ejecutar lo siguiente:

```
> spell
Now is the tyem for all good kiwis to
come to thie ayde of some very good Linux users
<Ctrl+d>
```

Después de escrito lo anterior, es necesario pulsar la combinación de teclas Ctrl+d, tras lo cual, el comando **spell** empezará a funcionar y devolverá el resultado siguiente:

```
tyem
thie
ayde
```

Como cabría esperar, se obtienen todas las palabras que están mal escritas. A primera vista, podría parecer que no es un programa demasiado útil; sin embargo, el programa **spell** no tiene en cuenta si es el usuario quien escribió la entrada o si ésta procedía de un archivo.

CÓMO TRABAJAR CON EL COMANDO SPELL

En realidad, sería más correcto decirlo al revés: el programa spell no tiene en cuenta si la entrada procede de un archivo o si la ha escrito el propio usuario. El programa spell fue diseñado para trabajar con entradas provenientes de un archivo o de un programa; lo que ocurre es que, debido al modelo de entrada y salida, no le importa si la entrada proviene de un usuario, en lugar de un archivo. Muchos programas de Linux se engloban dentro de la misma categoría: están diseñados para recibir la entrada de otros programas y archivos y proporcionar la salida a otros programas y archivos. El modelo de entrada y salida es el que permite que el usuario pueda interactuar directamente con el software y, por esta razón, en ocasiones, la sintaxis con la que se comunican estos sistemas le parecerá extraña. Tan sólo debe recordar que, en realidad, estos programas no se diseñaron para que se comunicaran con los usuarios.

Utilice su editor de texto favorito para crear un archivo de dos líneas que contenga el mismo texto que escribió anteriormente y luego intente ejecutar el comando **spell** redireccionando su entrada estándar. Si el nombre del archivo fuera archivotonto, podría ejecutar el comando **spell** escribiendo el siguiente comando:

```
> spell < archivotonto
tyem
thie
ayde
```

El carácter < sirve para dirigir el contenido del archivo situado a la derecha del mismo hacia la entrada STDIN del comando situado a la izquierda.

STDOUT

La **conexión de salida** que proporciona Linux para los programas se denomina **STDOUT** (*standard output*, salida estándar). Del mismo modo que se puede redireccionar la entrada STDIN desde un archivo, si desea enviar la salida de un comando a un archivo, puede redireccionar la salida STDOUT. El carácter > dirige la salida STDOUT del programa situado a su izquierda hacia el contenido del archivo situado a la derecha. Por ejemplo, si quiere examinar el contenido del archivo de registro del servidor web y desea insertar las últimas 30 líneas en un archivo llamado kiwis-logs para poder editarlas, puede utilizar el siguiente comando:

```
> tail -30 /var/log/httpd/access_log > kiwis-logs
```

En este ejemplo, se ordena al *shell* que cree el archivo kiwis-logs y coloque la salida STDOUT del comando tail en dicho archivo. Si el archivo kiwis-logs ya existe, su contenido se borrará antes de copiar los datos en él.

Si, por alguna razón, desea recopilar la parte final del archivo de registro de forma periódica, quizá quiera tener un archivo completo con dichos datos. Puede ordenar al *shell* que adjunte los datos al archivo, en lugar de borrar el contenido del primer archivo. Para ello, ejecute el siguiente comando:

```
> tail -30 /var/log/httpd/access_log >> kiwis-logs
```

El par de caracteres >> inserta la salida STDOUT del programa situado a su izquierda en el archivo situado a la derecha.

Evidentemente, también puede combinar estos redireccionamientos; si desea comprobar la ortografía de un texto y guardar el resultado en un archivo, también puede ejecutar el comando spell de la forma siguiente:

```
> spell < archivotonto > faltastontas
```

STDERR

Para facilitarle la tarea, Linux dispone de dos flujos de salida de datos distintos para los programas. La primera salida, STDOUT, ya la conoce. La segunda es **STDERR** y se utiliza para permitir al programa que envíe mensajes al usuario. Si el usuario está redireccionando la salida STDOUT y el programa sólo puede presentar los errores en esa salida, es posible que el usuario nunca vea los errores, ya que éstos irán a parar al archivo redireccionado. Sin embargo, los programas pueden utilizar la salida STDERR para los errores y, si el usuario no la ha redireccionado, puede seguir viendo los mensajes de error y de advertencia mientras la salida STDOUT se dirige a otro archivo o programa.

Si quiere insertar la salida STDERR en el mismo archivo en el que almacena la salida STDOUT, en lugar del carácter >, utilice **&>** en el comando.

```
> spell < archivotonto &> faltastontas
```

Canalizaciones (pipes)

Linux no sólo puede redireccionar la entrada STDIN y la salida STDOUT de unos archivos a otros, sino que, como Linux concibe estas entradas y salidas como flujos de datos, también existe el concepto de **canalización** de estos flujos directamente desde un programa a otro. Gracias a las canalizaciones, se puede utilizar directamente la salida STDOUT de un programa como la entrada STDIN de otro.

Para crear una canalización en Linux, hay que introducir en la línea de comandos una barra vertical (|) entre los programas.

Una vez más, resulta mucho más clarificador utilizar un ejemplo que dar una explicación. Retomemos de nuevo nuestro ejemplo sobre la recopilación compulsiva de archivos de registro del servidor web. Si, en lugar de recopilarlos en archivos, le gusta divertir y sorprender a sus amigos enviándoles el final del archivo de registro, puede hacerlo sin tener que guardar la información en un archivo. Para ello, debe ejecutar el siguiente comando:

```
> tail -30 /var/log/httpd/access_log ¦ mail amigo@unlugar.com
```

NOTA

El comando mail es un programa sencillo que permite enviar y recibir e-mail en una computadora Linux. En el Capítulo 18, "Cómo acceder a recursos de red", encontrará más información sobre este comando y otras utilidades de red.

Quizá en este momento su repertorio de comandos Linux no sea lo suficientemente amplio como para aprovechar al máximo esta funcionalidad, pero, cuando aprenda más sobre Linux, verá que se trata de una herramienta muy potente para simplificar las tareas.

Por ahora, puede utilizar esta funcionalidad canalizando información hacia visores de páginas. Si desea, por ejemplo, poder visualizar la salida del comando ls página a página, puede canalizarla hacia el comando more. Para ello, escriba la siguiente línea:

```
> ls -lRaF ¦ more
```

Aparecerá una lista bastante larga de archivos que podría continuar durante días hasta que pulsara la combinación de teclas Ctrl+c. Puesto que se trata realmente de una lista recursiva completa de todo el sistema de archivos en formato largo, no es probable que utilice este comando con demasiada frecuencia. Sin embargo, siempre que desee visualizar página a página un listado ls o cualquier otra salida que aparezca en la pantalla, puede canalizar la información hacia el comando more (el visor de páginas que aparecía en el Capítulo 7, "Cómo leer archivos").

Observe con atención los ejemplos que se le presentarán más adelante, ya que el concepto de canalización volverá a aparecer en lecciones posteriores, en contextos en los que será más útil.

Cómo dividir una canalización: el comando tee

Es posible que, en alguna ocasión, tenga razones para dirigir la salida STDOUT a un archivo mientras sigue enviándola mediante una canalización a otros programas. En este caso, puede utilizar el comando tee.

Piense una vez más en el ejemplo de la recopilación de la parte final de los registros web. Si no quiere solamente enviar dichos registros por e-mail a sus amigos, sino que también desea copiarlos al mismo tiempo en un archivo, puede ejecutar el siguiente comando:

```
> tail -30 /var/log/httpd/access_log ¦ tee kiwis-logs ¦ mail
amigo@algúnlugar.com
```

Este comando le resultará útil si desea guardar el final del archivo en kiwis-logs y, a la vez, enviárselo a un amigo para impresionarle.

Resumen

En este capítulo le hemos explicado los fundamentos del modelo de entrada y salida de procesos de Linux y cómo Linux permite al usuario conectar programas entre sí de forma sencilla para realizar tareas complejas.

- Todos los programas disponen de una entrada STDIN, una salida STDOUT y una salida STDERR. Sin embargo, no todos los programas las usan para interactuar con el usuario (hay programas, como Photoshop, que no se prestan muy bien a ser controlados mediante la línea de comandos), pero en esa mayoría de programas que sí las usan, las conexiones de entrada y salida se pueden manipular.

- El usuario puede proporcionar los datos de entrada que el programa espera recibir en la entrada STDIN de tres formas: manualmente, desde un archivo o desde otro programa.

- Las salidas STDOUT y STDERR de un programa se pueden enviar a un archivo, con el fin de guardarlas para uso futuro, en lugar de visualizarlas en ese momento.

- También se puede canalizar la salida STDOUT de un programa a la entrada STDIN de otro.

- Las canalizaciones resultan muy útiles para canalizar la salida de programas que sean demasiado prolijos a un visor de páginas (more o less).

Expresiones regulares

13

En este Capítulo, el lector aprenderá las nociones fundamentales acerca de las expresiones regulares y cómo utilizarlas con el comando grep.

Las expresiones regulares son muy útiles. Si tiene en cuenta esta afirmación al leer esta lección, no tendrá ningún problema. Las expresiones regulares se utilizan en muchos lenguajes de programación y en los comandos de Linux. Pueden resultar un poco esotéricas, pero es extremadamente importante entender cómo funcionan. Aunque en este capítulo sólo vamos a ver el comando grep *en relación con las expresiones regulares, puede aplicar lo que aprenda a casi todos los casos en los que se utilicen estas expresiones. Para llegar a dominar las expresiones regulares, es necesario dedicar un cierto tiempo. Este breve capítulo le servirá simplemente como introducción al tema.*

Correspondencia de patrones

Las expresiones regulares sirven para especificar un patrón de caracteres que se pueda comparar con el texto existente. Se pueden utilizar para localizar información cuando el usuario no está muy seguro de lo que está buscando y son capaces de llevar a cabo procedimientos extremadamente complejos del tipo buscar y reemplazar. El lenguaje de programación Perl (*Practical Extraction and Report Language*) utiliza en gran medida las expresiones regulares y está considerado como uno de los mejores lenguajes de programación para crear aplicaciones web dinámicas.

Cómo especificar la expresión regular en el comando grep

El formato para especificar la expresión regular en el comando grep es grep <expresión regular> <nombre de archivo> <nombre de archivo>... Puesto que en esta lección se utiliza el comando grep como ejemplo, debe familiarizarse con este formato. En otros programas, es posible que sea necesario colocar una barra inclinada (/) a cada lado de la expresión regular. Pero en el caso del comando grep, esto no es necesario.

Caracteres de correspondencia simple y múltiple: . y *

Puesto que una expresión regular determina un método de correspondencia, a continuación se incluyen algunas de las partes más habituales de una expresión regular y se explica cómo se pueden utilizar para encontrar correspondencias con un patrón de ejemplo. En estos ejercicios vamos a utilizar un archivo denominado sample.txt (si desea seguir el ejemplo, utilice un editor de texto de los que se explican en la Lección 8, "Edición de textos", para crearlo) que contiene la siguiente información:

```
Esto es una prueba
Kim Steinmetz
(614) 555-0591
(615) 555-0000
1998
1999
1800
1750
```

El carácter punto (.) puede utilizarse para designar cualquier carácter. Por ejemplo, supongamos que no sabemos cómo se escribe el apellido de Kim en el archivo anterior. Es muy fácil equivocarse y cambiar de orden la *e* por la *i*. En ese caso, se puede utilizar el carácter punto (.) de la forma siguiente:

```
>grep "St..nmetz" sample.txt
Kim Steinmetz
```

Los caracteres St y nmetz conforman una parte obvia de la expresión regular: equivalen directamente a las letras del nombre Steinmetz. Como no sabíamos dónde iba la *e* y dónde la *i*, simplemente sustituimos estas letras por caracteres punto y el comando grep devolvió la línea que buscábamos.

El asterisco (*) equivale a cualquier número de apariciones de un patrón, o de una sección de un patrón. Supongamos que sabemos que el apellido de Kim empieza por *S* y termina por *z*. En este caso, se puede utilizar el carácter asterisco (*) en combinación con el carácter punto (.) para que se busque cualquier secuencia de caracteres que empiece por *S* y termine por *z*:

```
>grep "S.*z" sample.txt
Kim Steinmetz
```

¡Parece que la cosa funciona! Ya no tiene por qué preocuparse si no se acuerda de cómo se escribe el apellido de alguien.

CÓMO UTILIZAR LOS CARACTERES DE CORRESPONDENCIA

Es importante destacar que el carácter * acepta cualquier número de apariciones de un patrón, incluyendo cero. Esto significa que la expresión S.*z podría corresponder sin problemas a la cadena Sz. Si obtiene correspondencias inesperadas, ésta puede ser la razón.

Se utiliza la barra \ para desactivar un carácter especial. El *shell* utiliza algunos caracteres especiales, por lo que hay que quitar su significado especial a esos caracteres mediante el carácter \. Utilice este carácter delante de aquellos caracteres que puedan ser especiales. En la mayor parte de los casos, no pasa nada si se utiliza \, aunque no se esté seguro. Por ejemplo, el *shell* espera normalmente que el usuario inserte dobles comillas (") a ambos lados de las cadenas que contengan espacios: las dobles comillas se utilizan para agrupar palabras en una cadena. Si necesita buscar en un archivo líneas que contengan dobles comillas, no puede utilizar el carácter " con el comando grep, sino que debe emplear el siguiente comando:

```
> grep \" sample.txt
"special stuff"
```

Utilizando la barra \ delante de las dobles comillas se le indica al *shell* que no intente interpretarlas como un carácter delimitador, sino que las pase al comando grep para su procesamiento.

Cómo utilizar y negar rangos en una expresión regular: [] y ^

Se habrá dado cuenta de que en el archivo sample.txt que se ha utilizado como ejemplo aparecen fechas. Supongamos que sólo se quieren buscar correspondencias para los años comprendidos entre 1700 y 1800. Los rangos sirven para esto y se especifican con una expresión regular del tipo [<punto de inicio>-<punto de fin>]. Los puntos de inicio y de fin pueden ser números o letras del alfabeto.

```
Por ejemplo:
>grep "1[7-8][0-9]*" sample.txt
1800
1750
```

Este patrón establece que cualquier correspondencia válida debe empezar con un 1, continuar con un número perteneciente al rango 7-8, y terminar con uno o varios números dentro del rango 0-9. Los rangos ayudan a extraer determinados valores de los archivos. La potencia de los rangos se puede ampliar aplicando un operador de negación.

El carácter de acento circunflejo (^) sirve para negar un rango cuando se usa delante de la especificación del mismo. Y, al negar un rango, el comando buscará lo contrario de lo que corresponde al rango.

Por ejemplo:

```
>grep "1[^7-8][0-9]*" sample.txt
(614) 555-0591
(615) 555-0000
1998
1999
```

Observe que, en este caso, se obtienen los años que no están comprendidos entre 1700 y 1899. También se obtienen dos números de teléfono que, si se fija en los últimos dos dígitos del prefijo telefónico, también coinciden con el patrón.

Correspondencias para el comienzo y fin de una línea: ^ y $

Si sólo se desean buscar correspondencias para los años en el archivo de ejemplo, se pueden utilizar los caracteres de expresión regular que equivalen al comienzo de línea y al fin de línea, para impedir que el comando **grep** busque correspondencias entre los números de teléfono. Estos caracteres suelen recibir el nombre de **anclas**, puesto que sirven para anclar un patrón al comienzo y al final de una línea. Como 1998 y 1999 se encuentran al principio de una línea, la tarea resulta sencilla.

El carácter ^, cuando no se utiliza con un rango, equivale al comienzo de una línea.

El carácter $ equivale al final de una línea. Si el patrón se encuentra al final de una línea, se puede anclar en esta posición mediante el carácter $.

Por ejemplo:

```
>grep "^1[^7-8][0-9]*" sample.txt
1998
1999
```

Esto está mejor. En este caso, sólo se obtienen las dos fechas, ya que se encuentran al comienzo de una línea. Los números de teléfono ya no aparecen, puesto que la parte que coincide con el patrón no está situada al comienzo de la línea.

Usos de las expresiones regulares

Lo que acaba de aprender es tan sólo un mínimo subconjunto de las expresiones regulares que se pueden crear. Las expresiones regulares se pueden utilizar en muchas aplicaciones diferentes. Por ejemplo, el editor de flujos de texto, **sed**, es capaz de sustituir sobre la marcha patrones de texto en una secuencia de flujo de texto. Es muy útil poder buscar y reemplazar una expresión regular de forma global en miles de archivos, en lugar de tener que editar cada uno de ellos por separado. Cuando se utiliza el *shell*, también se puede emplear un subconjunto de la biblioteca completa de expresiones regulares para especificar nombres de archivo para las operaciones.

Por ejemplo, si dispone de un grupo de archivos denominados prueba1, prueba2, prueba3, prueba4 y prueba5 y desea copiar los archivos 3 a 5 en un nuevo directorio, puede utilizar una expresión regular como ésta:

```
>cp prueba[3-5] nuevodirectorio
```

Para determinar cuáles son las expresiones regulares que admite el *shell* que esté ejecutando, deberá consultar las correspondientes páginas del manual. Y le recomendamos que haga lo mismo en cualquier otro caso donde se utilicen expresiones regulares. Desafortunadamente, aunque las expresiones regulares son prácticamente estándar, el grado en que una determinada aplicación las admite depende por completo de dicha aplicación. Perl, por ejemplo, es una aplicación (además de un entorno de programación completo) que hace un uso intensivo de expresiones regulares.

Debido a la creciente popularidad de la *World Wide Web*, es necesario procesar la información suministrada por los usuarios de forma rápida y segura. Desafortunadamente, no existe demasiado control sobre el tipo de información que un usuario podría enviar en un formulario o en otro tipo de documento web interactivo. Si desea programar aplicaciones web, comprobará que las expresiones regulares constituyen un salvavidas y pueden usarse para extraer datos de un formulario y convertirlos a un formato utilizable. Si esto le interesa, le recomendamos que explore el lenguaje de programación Perl.

Resumen

Las expresiones regulares constituyen una forma extremadamente flexible de describir un patrón que se desea buscar. Puesto que muchas aplicaciones de Linux, incluyendo el *shell*, admiten las expresiones regulares, es importante saber cómo funcionan y para qué sirven. A continuación se incluyen los puntos más importantes de este capítulo:

- El **carácter** . equivale a cualquier carácter. Se utiliza siempre que no se esté seguro de qué carácter se encuentra en una determinada posición.

- El **carácter** * equivale a cualquier número de apariciones de un patrón determinado. Este carácter se puede utilizar en combinación con el carácter punto . o con los rangos.

- El **carácter** \ sirve para quitar a los caracteres especiales su significado. Este carácter se puede utilizar, por ejemplo, si necesita utilizar las dobles comillas (") en un patrón.

- **Rangos.** Se pueden establecer rangos de números o letras para limitar un patrón. Los rangos se especifican entre corchetes ([ ]). Para negar un rango se emplea el carácter ^ al principio de la especificación de rango.

- **Los caracteres especiales** ^ **y** $ equivalen al comienzo y al final de una línea, respectivamente. Normalmente, reciben el nombre de anclas, puesto que sirven para anclar un patrón a un determinado lugar en una línea.

- **Expresiones regulares.** Se utilizan en muchos programas de Linux y pueden constituir una herramienta extremadamente potente. Con el fin de determinar el grado en que admiten las expresiones regulares el *shell* y otras utilidades, le recomendamos que consulte el manual correspondiente.

Scripts de shell básicos

14

En este capítulo, el lector aprenderá algo más sobre la magia que se esconde detrás de las tareas de automatización y de personalización mediante scripts de shell.

En el Capítulo 12, "Entrada y salida", se explicó el concepto de canalización y probablemente vaya entendiendo un poco más las razones por las que Linux es un sistema tan potente y tan fácil de configurar. Lo que quizá no sepa es que las canalizaciones son sólo una mínima parte de lo que Linux puede hacer para personalizar y automatizar tareas. A medida que avance en este capítulo, se dará cuenta de que las canalizaciones constituyen, únicamente, la punta de un gran iceberg.

Los scripts de shell son, básicamente, programas escritos en el lenguaje del shell. Si es usuario de los sistemas para PC anteriores a Windows, comprobará que los scripts de shell se parecen a los archivos de procesamiento por lotes (batch). Los usuarios de Macintosh, a pesar de que no tienen que utilizar una línea de comandos habitualmente, pueden encontrar semejanzas entre los scripts de shell y los lenguajes de script AppleScript y Frontier. Aunque es cierto que, si se van a escribir más de varias decenas de líneas de script, es mejor recurrir a un lenguaje diferente del shell, pensar en los scripts de shell simplemente como *pequeños programas sería cometer una injusticia con la flexibilidad y comodidad que ofrecen al usuario.*

Cómo obtener mucho con poco: *scripts* de *shell*

Normalmente, los *scripts* de *shell* se crean cuando es necesario combinar en una única acción varias tareas que deben repetirse de forma rutinaria.

Por ejemplo, si siempre que llega al trabajo hace las mismas cosas (envía a todos sus compañeros un e-mail diciendo "Hola amigos", imprime una relación de las 100 últimas visitas que ha recibido su página web personal, luego abre un terminal **xterm** y lee algunos grupos de noticias), puede ahorrarse bastante tiempo y unas cuantas pulsaciones de teclado escribiendo un *script* de *shell* que haga todo esto de forma automática. Puede incluir todas estas acciones en un archivo y denominarlo, por ejemplo, **ahorro-de-tiempo**, y, en el futuro, sólo tendrá que llegar al trabajo y escribir ahorro-de-tiempo para ahorrarse, como el nombre del *script* indica, un tiempo considerable.

Otro ejemplo del uso de los *scripts* de *shell*, o de las técnicas de escritura de *scripts* de *shell*, consiste en utilizar algunos comandos para automatizar determinadas tareas directamente en el *shell*, sin tener que incluirlas en un archivo. En primer lugar, analizaremos este tipo de *scripts*, ya que son muy fáciles de aprender y resultan útiles de forma inmediata. Según vaya conociendo el sistema Linux, tenderá de forma natural a incluir lo que va escribiendo en un archivo, convirtiéndose así en un programador más de *scripts* de *shell*.

Archivos de *script* de *shell*

Tal y como se dijo anteriormente, los *scripts* de *shell* son pequeños programas escritos en el mismo lenguaje que se utiliza para comunicarse con el *shell*. Es completamente natural que Linux ofrezca esta capacidad, gracias al modelo de entrada y salida. Realmente, el *shell* no tiene en cuenta si es el usuario el que ejecuta los comandos o si los comandos provienen de alguna otra fuente, como, por ejemplo, un archivo.

Vamos a utilizar el ejemplo del archivo **ahorro-de-tiempo**, para ver una rápida introducción al tipo de cosas que se pueden hacer con un *script* de *shell*. Si realmente quisiéramos escribir un *script* de *shell* que hiciera las tareas anteriormente mencionadas, tendríamos que combinar algunas de las herramientas que se han visto hasta ahora y algunas herramientas nuevas que aún no hemos visto. Sin embargo, para que sirva de ejemplo, veamos los pasos que habría que dar:

1. Determine el nombre de registro del servidor web. En este caso será /var/log/httpd/access_log.

2. Determine su nombre de usuario, que ya debería conocer a estas alturas. En este ejemplo, el nombre de usuario será Bob y la dirección de e-mail **bob@very.important.com**.

3. Piense en cómo enviar varios mensajes de e-mail a un grupo de personas con un solo comando. Esta operación no se suele hacer normalmente, a no ser que exista una buena razón. Así que, en este caso, sólo se enviará un e-mail a su propia dirección.

4. Piense en cómo leer las noticias. Para ello, debe utilizar el comando **trn**.

5. Averigüe dónde se encuentra el ejecutable de su *shell*. Si se está utilizando el *shell* **csh**, el ejecutable sería **csh: /bin/csh**. Si no utiliza este *shell*, debería hacerlo, para crear *scripts* de *shell* que fueran compatibles con otras máquinas Linux y UNIX. Para cam-

biar temporalmente de *shell* y utilizar el *shell* csh, ejecute el comando csh en el indicativo de comandos.

6. Determine cómo imprimir en el sistema.

7. Cree el archivo de *script* de *shell* ejecutando el comando vi ahorro-de-tiempo.

8. Introduzca las siguientes líneas en el archivo de *script* de *shell*:

```
#!/bin/csh
echo "Hola a todos" ¦ mail bob@very.important.com
grep "bob" /usr/local/httpd/logs/access_log ¦ tail -1100 ¦
lpr
xterm -e trn &
exit
```

9. Guarde el archivo y salga del editor. En vi, escriba: wq! <Intro>.

10. Cambie los atributos del archivo para poder ejecutarlo: chmod 755 ahorro-de-tiempo.

11. Ejecute su nuevo *script* de *shell*: ./ahorro-de-tiempo.

CONSEJO

Puede escribir ahorro-de-tiempo, a secas, si el directorio actual se encuentra en la variable de entorno PATH (para comprobarlo, utilice el comando echo $PATH).

Si todo funciona como es debido, el *script* creado debería producir los resultados que se especificaban al principio de este apartado.

Para explicar el procedimiento seguido por este *script* de *shell*, la siguiente descripción le será de gran utilidad y no debería tener problemas para entenderla con lo que ha aprendido hasta ahora:

- El comando **echo** sitúa la información en la salida STDOUT. En este caso, se utiliza para crear un flujo de texto STDOUT que contiene el mensaje "Hola a todos", que luego se canaliza hacia la entrada STDIN del comando **mail**.

- El comando **mail** puede tomar un mensaje a través de la entrada STDIN y enviarlo a una lista de destinatarios. Hablaremos más del comando **mail** en el Capítulo 18, "Cómo acceder a recursos de red".

- Ya sabe lo que hacen los comandos **grep** y **tail**. Después de haber encontrado las últimas 100 líneas que incluyen la secuencia *bob,* dichas líneas son pasadas a la entrada STDIN de **lpr**. El comando **lpr** envía datos a una impresora. En el Capítulo 17, "La impresión", puede encontrar más información sobre este comando.

- Con la opción **-e** del comando **xterm**, que inicia un terminal, se puede indicar a **xterm** que ejecute un programa en la ventana del terminal.

Una gran variedad de *shells*

Si ha invertido mucho tiempo jugando con su cuenta de Linux mientras leía este libro, probablemente habrá observado que Linux pone a disposición del usuario una gran variedad de *shells*. La sintaxis y los comandos que incluye cada uno de estos *shells,* pueden variar muy sutilmente o ser extremadamente diferentes. En esta lección se utilizarán comandos y sintaxis compatibles con **csh** y **tcsh**.

El *shell* de Bourne, **sh**, es quizá el mejor *shell* para escribir *scripts* si desea distribuir *scripts* largos y sofisticados a usuarios desconocidos. Sin embargo, no es el *shell* más fácil de usar mediante la línea de comandos, por lo que le recomendamos que empiece usando el mismo *shell* que utilice normalmente.

Cómo repetir una operación: foreach

En lugar de perder el tiempo introduciendo comandos en un archivo para automatizarlos, puede adquirir una práctica considerable recurriendo a técnicas de automatización simples, en las que no es en absoluto necesario introducir los comandos en un archivo. Uno de los comandos utilizados para llevar esta tarea a cabo es el comando foreach.

Cómo ejecutar un comando varias veces

Si se encuentra en una situación en la que necesita ejecutar una misma acción de forma repetida para un cierto conjunto de archivos, puede utilizar el comando foreach. Este comando acepta una lista de archivos y realiza una acción sobre **cada uno** (*for each*) de ellos. Para entender cómo se usa, es mucho más fácil utilizar un ejemplo que explicarlo. Si dispone de una lista de archivos en los que necesita hacer algo, puede utilizar el comando foreach del siguiente modo:

1. Determine qué es lo que desea hacer en los archivos. En este ejemplo, se dispone de una serie de directorios y se quiere crear un archivo .tar de cada uno.

2. Determine los nombres de los archivos/directorios en los que desea hacer algo. En este caso, se van a crear archivos .tar para los directorios midirectorio, tudirectorio y sudirectorio.

3. Elija una variable; en este caso, sólo se va a utilizar una variable llamada **test**. No importa cuál sea el nombre de la variable, siempre que no entre en conflicto con el nombre del comando.

4. Ejecute el comando foreach <nombrevariable> (<nombres de archivo>). El comando foreach le preguntará entonces qué es lo que desea hacer con cada archivo mediante un signo de interrogación. Especifi-

que lo que desea hacer. De nuevo, en este ejemplo, se van a comprimir archivos con el comando tar. Una vez introducido el comando correspondiente a lo que desea hacer, añada el comando end en una línea aparte.

Para ilustrar este ejemplo, en el caso de que realmente deseara realizar esta operación, escribiría lo siguiente:

```
> foreach test (midirectorio tudirectorio sudirectorio)
? tar -cvf $test.tar $test
? end
```

La máquina responderá definiendo la variable test y, a continuación, ejecutará el comando tar para cada archivo que se haya especificado. Observe el uso de la expresión $test en el bucle de comandos foreach. El comando foreach recorre la lista de archivos que se han especificado y los coloca de forma secuencial en la variable test. Si desea utilizar el contenido de una variable en el *shell*, introduzca el signo $ delante de ésta. Por ejemplo, el comando foreach asigna, en primer lugar, el archivo midirectorio a la variable test. A continuación, ejecuta el comando tar y el *shell* asigna a la variable test su valor, midirectorio. El comando tar que realmente se ejecuta es el siguiente: tar -cvf midirectorio.tar midirectorio. La siguiente vez que se ejecuta el bucle, foreach asigna el archivo tudirectorio a la variable test y se repite el mismo proceso.

Se pueden emplear expresiones regulares en el *shell*, en lugar de enumerar los nombres de los archivos, al utilizar el comando **foreach**. Si observa el ejemplo anterior, todos los directorios a los que se les quiere aplicar el comando tar comparten una parte del nombre (en este caso, la secuencia directorio). Si desea obtener los mismos resultados sin tener que escribir todos los nombres de los directorios en el comando **foreach**, puede ejecutar dicho comando con el formato **foreach test (*directorio)**. Se pueden utilizar las herramientas de correspondencia de patrones que se explicaron en el Capítulo 13, "Expresiones regulares", para buscar cualquier archivo que se desee.

Cómo renombrar múltiples archivos

Probablemente haya observado que el comando mv no puede realizar algunas acciones que resultarían bastante útiles, como, por ejemplo, renombrar varios archivos con nuevos nombres en lugar de nuevas ubicaciones. Para ello, se puede utilizar el comando foreach.

Por ejemplo, supongamos que dispone de una serie de archivos para un proyecto y les asigna nombres como desperdicios.inicio, desperdicios.hoy, desperdicios.gif, etc. De repente, su jefe decide que se trata de un proyecto importante y le ordena que pase estos archivos al departamento de desarrollo, porque desean presentar el proyecto la próxima semana. Quizá esto nunca le haya ocurrido pero, si le ocurriera, es obvio que tendría que cambiar el nombre de sus archivos y asignarles un nombre más profesional. En lugar de tener que renombrar los archivos uno a uno, se puede utilizar el comando foreach para automatizar la tarea. En este caso, se podría escribir:

```
> foreach test (desperdicios.*)
? mv $test asuntosimportantes.$test:e
? end
```

El código que probablemente no entenderá de forma inmediata es $test:e. Esto quiere decir "expandir la variable $test y eliminar todo, excepto los caracteres situados después del último punto (.) en el nombre de archivo". En este caso, lo que no se eliminan son las partes que diferencian a los archivos (inicio, hoy, etc.)

Es obvio que este comando no merece la pena usarlo si sólo se quiere cambiar el nombre de tres archivos, pero, si el proyecto estuviera formado por cientos de archivos, podría ahorrarle mucho tiempo.

Cómo modificar y reemplazar originales

Otra útil aplicación del comando foreach es cuando hay que aplicar un proceso a muchos archivos y quiere hacerse sin tener que crear archivos nuevos.

Supongamos que dispone de una serie de archivos de imagen que contienen un borde que desea eliminar y, a continuación, desea reducir el tamaño de dichos archivos. Si el comando imaginario crop tomara los archivos de la entrada STDIN y pasara los datos a la salida STDOUT, se podría utilizar el comando foreach de la forma siguiente:

```
> foreach test (*.gif)
? crop < $test > holding
? mv holding $test
? end
```

¿Por qué no es suficiente con aplicar el comando crop < $test > $test? Porque este comando no garantiza que se pueda escribir en el archivo mientras se está leyendo su información. Por esta razón, es necesario guardar los resultados en un archivo temporal llamado holding y, a continuación, aplicar el comando mv para volver a asignar el nombre original al archivo temporal

Cómo detener el *shell* temporalmente: sleep

La utilidad de un comando que sólo sirve para hacer que el sistema se detenga temporalmente no parece muy obvia. Sin embargo, en el siguiente ejemplo verá para qué se puede utilizar el comando sleep. Supongamos que necesita que un determinado *script* de *shell* se detenga de forma temporal. En este caso, podría utilizar el comando sleep. Al ejecutar el comando sleep <segundos>, el *shell* se detiene temporalmente hasta que pase la cantidad de segundos especificada y luego reanudar la ejecución de lo que estuviera haciendo.

Cómo realizar una ejecución condicional: while e if

Si desea realizar tareas de automatización más complicadas, puede recurrir a instrucciones condicionales que activen determinadas partes del *script* sólo en el caso de que se cumplan ciertas condiciones.

Para utilizar instrucciones condicionales, es necesario crear una condición que la instrucción pueda comprobar. Esta condición puede ser tan complicada como se desee, pero, por ahora, es mejor empezar con cosas fáciles como, por ejemplo, una condición de igualdad.

Uso de while

El comando **while**, con la sintaxis **while (<condición>)**, realiza acciones **mientras** (*while*) se cumpla una condición determinada.

Suponga que se siente realmente solo y desea recibir algún e-mail. Al ejecutar **/win/mail**, el sistema le responde *"No mail"* (No tiene ningún mensaje). Para animarse un poco en este día tan triste, ha escrito un pequeño *script* que hace que el sistema envíe mensajes de e-mail a varios amigos suyos cada cierto tiempo, diciéndoles que le contesten. Sin embargo, no quiere ser tan tonto de volver a enviarles el mismo e-mail cuando ya le hayan contestado. Es decir, desea que el sistema se pare después de haber recibido respuesta, o que sólo continúe mandando mensajes de e-mail mientras no reciba contestación.

Si realmente desea probar esto, puede hacerlo introduciendo un *script* similar al siguiente:

```
> set hopeful=(`/bin/mail ¦ grep -cv No`)
> while ($hopeful==0)
? echo "por favor, contesta a mi mensaje" ¦ mail
Âmiamigo@algunaparte.com
? echo "por favor, contesta a mi mensaje" ¦ mail
```

```
➥otroamigo@algunaparte.com
? sleep 60
? set hopeful=(`/bin/mail ¦ grep -cv No`)
? end
```

Este pequeño *script* hace uso del comando **grep** para contar las líneas (opción **-c**) que no (opción **-v**) contienen la palabra **No** y asigna el resultado a la variable denominada **hopeful**. Si se canaliza la salida de **/bin/mail** hacia el comando **grep** y se escriben dichos cambios entre comillas, el *shell* ejecutará los comandos y devolverá la salida correspondiente, que es lo que se asigna a la variable **hopeful**.

Puesto que no tiene mensajes y la única respuesta que ofrece el comando **mail** cuando no tiene mensajes es **No mail**, no hay ninguna línea que no contenga **No** al principio.

El *script* utiliza el comando **mail** para enviar varias súplicas patéticas y luego se detiene (**sleep**) durante 60 segundos. A continuación vuelve a comprobar el estado del buzón de correo. Si, en este intervalo de tiempo, ha recibido algún e-mail, el comando **mail** devolverá los encabezados en lugar de la respuesta **No mail**. En este caso, debería haber un cierto número de líneas (distinto de 0) en las que no apareciera la palabra **No**, siempre y cuando no tenga la mala suerte de que sus amigos respondan diciendo "No, no responderemos; déjanos en paz". Si hay líneas que no contienen la palabra **No**, la variable **hopeful** no será igual a cero y el bucle **while** terminará. Si, por el contrario, la variable **hopeful** sigue siendo cero, es probable que los buzones de correo de sus amigos se llenen bastante rápido con sus mensajes.

Uso de if

El comando **if** funciona de forma muy parecida al comando **while**, pero no realiza un bucle: simplemente ejecuta un comando dependiendo de una condición. La sintaxis del comando **if** es if (<condición>) <comando>.

Usemos otro ejemplo sencillo. Si le molesta el hecho de no recibir mensajes de e-mail y no soporta ver la respuesta No mail, puede crear un *script* de *shell* para que no aparezca tal mensaje. Puede probar a crear un archivo de *script* de *shell* llamado comprobar-mail que contenga las siguientes instrucciones:

```
#!/bin/csh
set foo=(`/bin/mail ¦ grep -cv No`)
if ($foo == 0) echo "Pobre hombre"
```

De nuevo se utiliza el comando /bin/mail para saber si hay mensajes o no. Y, en el caso de que no haya, la computadora se compadecerá de usted.

Resumen

Los *scripts* de *shell* permiten añadir funcionalidades y personalizar el entorno. El usuario puede realizar tareas tan sofisticadas como crear pequeños programas, o tan simples como automatizar las tareas repetitivas cotidianas. A continuación se resumen los puntos clave de este capítulo:

- Los *scripts* de *shell* pueden almacenarse en archivos para poder ejecutar muchos comandos escribiendo simplemente el nombre del archivo.

- Existen muchos *shells* distintos y es posible que el suyo funcione de forma diferente a lo que se presenta en esta lección, pero probablemente disponga de capacidades similares. Si no es así, le recomendamos que busque un *shell* mejor. Lo que se ha aprendido en esta lección se aplica al *shell* csh, que es un *shell* comúnmente utilizado en la programación de *scripts*.

- El comando **foreach** permite repetir un conjunto de comandos para una serie de archivos.

- El comando **while** permite repetir un conjunto de comandos mientras se cumpla una determinada condición.

- El comando **if** permite ejecutar o no un comando, dependiendo de una condición.

- El comando **sleep** detiene el sistema temporalmente y, en ocasiones, puede ser realmente útil.

PARTE

V

Personalización del entorno

Utilidades del usuario

15

En este capítulo aprenderá a cambiar su contraseña, el shell y otros tipos de información.

Linux ofrece una gran cantidad de utilidades que ayudan a controlar la información que almacena el sistema acerca de su cuenta de usuario. En este capítulo aprenderá a controlar el uso del sistema mediante algunas utilidades de línea de comandos.

Cómo cambiar la contraseña: passwd e yppasswd

Una de las tareas más importantes que deberá llevar a cabo en un entorno de red es cambiar la contraseña. Por lo general, las contraseñas se deben cambiar cada cierto tiempo, con el fin de mantener la seguridad del entorno. Existen dos formas de cambiar una contraseña. Si se encuentra en un entorno de red, deberá utilizar el comando **yppasswd**, que actualizará su contraseña en todas las máquinas de la red. La forma más sencilla de saber si éste es el tipo de entorno en el que está trabajando es comprobar si puede iniciar su sesión y acceder a la misma información desde distintas computadoras, con el mismo nombre de usuario y contraseña. Ésta es una configuración habitual para los laboratorios informáticos Linux/UNIX. Si su máquina es una computadora Linux autónoma, bastará con que utilice el comando **passwd**. Ambos comandos funcionan de la misma manera; lo que los diferencia es que cada uno almacena la contraseña actualizada en un lugar distinto.

Por ejemplo:

```
>passwd
Changing password for jray
Old password: *****
New password: ******
Retype new Linux password: ******
passwd: all authentication tokens updated successfully
```

La contraseña que se introduzca no aparecerá en la pantalla mientras la esté escribiendo. En este ejemplo, se han incluido asteriscos para mostrar lo que ocurre al escribir la contraseña. Si el cambio de contraseña se realiza satisfactoriamente, Linux lo indicará mediante el mensaje *"All authentication tokens updated successfully"* (todos los datos de autenticación se han actualizado con éxito). En algunos casos, Linux no le permitirá utilizar determinadas contraseñas, si son demasiado cortas o están basadas en palabras comunes contenidas en el archivo de diccionario del propio sistema. Debería elegir contraseñas que no estén basadas en palabras comunes y que mezclen números y letras mayúsculas y minúsculas.

Cómo cambiar el *shell*: chsh

Al principio de este libro, explicábamos que se pueden ejecutar muchos programas *shell* diferentes. A continuación vamos a ver cómo cambiarlos. El comando **chsh** permite elegir uno de los *shells* que se pueden utilizar en la máquina. Antes de cambiar el *shell*, le recomendamos que verifique qué *shells* hay disponibles en su computadora. Para ello, ejecute el comando **chsh -l**.

```
>chsh -l
/bin/bash
/bin/sh
```

```
/bin/ash
/bin/bsh
/bin/tcsh
/bin/csh
/bin/ksh
```

Actualmente existen siete *shells* diferentes entre los que elegir. A continuación vamos a cambiar el *shell* bash, que es que el está activo actualmente, por el *shell* ksh.

Por ejemplo:

```
>chsh
Changing shell for jray.
Password: *****
New shell [/bin/bash]: /bin/ksh
Shell changed.
```

La próxima vez que se inicie una sesión en Linux, aparecerá el *shell* ksh en lugar del *shell* bash. Es probable que nunca tengamos que cambiar el *shell*, salvo en el caso de que el *shell* predeterminado de su sistema sea el *shell* Bourne (sh). Si desea probar otros *shells*, puede hacerlo sin problemas, ya que siempre puede volver al *shell* original.

Cómo obtener y cambiar la información de usuario: finger y chfn

Todos los usuarios disponen de información sobre su ubicación en el archivo de contraseña del sistema. Esto permite que un usuario pueda encontrar rápidamente la información necesaria para contactar con el resto de usuarios. El comando que sirve para visualizar estos datos de usuario es finger. Puesto que la información de usuario se almacena cuando se crea la cuenta de usuario, es posible que el lector no tenga ninguna información definida para su cuenta. Para especificar una determinada información, deberá utilizar el comando chfn.

Uso de finger

Utilizar el comando **finger** es sencillo. Tan sólo hay que ejecutar el comando **finger** <nombre de usuario> para obtener información sobre un usuario local del sistema. Para obtener información sobre un usuario de un sistema remoto, puede ejecutar el comando **finger** <nombre de usuario>@<host remoto>. Dependiendo de cómo esté configurado el *host* remoto, esto puede funcionar o no.

Por ejemplo:

```
>finger jray@poisontooth.com
[poisontooth.com]
Login: jray                        Name: John Ray
Directory: /home/jray              Shell: /bin/bash
On since Sun Nov 29 16:35 (EST) on ttyp0 from 192.168.0.91
   6 hours 47 minutes idle
No mail.
No Plan.
```

El resultado devuelto en este caso no es muy interesante, lo que se debe a que aún no se ha configurado la información personal del usuario. Sin embargo, puede ver cuándo se ha iniciado la sesión en el sistema, así como el nombre real del usuario y el directorio principal. Con el comando **chfn** se puede añadir información personal al perfil de la cuenta.

Uso de chfn

El comando **chfn** ejecuta un proceso interactivo que nos permite definir información personal sobre nuestra cuenta. Para ello, debe ejecutar el comando **chfn** en una línea de comandos sin emplear ninguna opción.

```
>chfn
Changing finger information for jray.
Password: *****
Name [John Ray]: John Ray
Office []: 7879 Rhapsody Drive
Office Phone []: (614) XXX-XXXX
Home Phone []: (614) XXX-XXXX
```

El usuario puede cambiar o especificar el nombre completo, la dirección de la oficina y los números de teléfono de casa y de la oficina. Si no desea proporcionar esta información, no está obligado a hacerlo, salvo que ésta sea la política de la la empresa. Una vez que haya añadido esta información, puede volver a ejecutar el comando finger para ver los resultados.

```
>finger jray@poisontooth.com
[poisontooth.com]
Login: jray                          Name: John Ray
Directory: /home/jray                Shell: /bin/bash
Office: 7879 Rhapsody Drive
➥Office Phone: (614) XXX-XXXX
Home Phone: (614) XXX-XXXX
On since Sun Nov 29 16:35 (EST) on ttyp0 from 192.168.0.91
    6 hours 48 minutes idle
On since Sun Nov 29 21:47 (EST) on ttyp1 from 192.168.0.211
No mail.
No Plan.
```

¡Esto está mejor! Ahora sí que aparecen la dirección de la oficina y los números de teléfono del trabajo y de casa. Dependiendo del uso que haga del sistema, es posible que prefiera que no aparezca este tipo de información. Si ése es el caso, olvídese del comando chfn.

Cómo supervisar el sistema: date, uptime y who

Analicemos ahora algunos comandos que sirven para supervisar el sistema. Es útil poder saber quién ha iniciado una sesión en su computadora, así como conocer el estado actual de la máquina. A continuación se describen de forma breve tres comandos que le mostrarán información sobre la computadora que puede serle de utilidad.

Uso de date

El comando date, como habrá supuesto, muestra la fecha y hora actuales. Si tiene privilegios de superusuario, también puede utilizar el comando date para definir el día y la hora en la computadora. Las cuentas de usuario normales no disponen de esta capacidad.

```
>date
Mon Nov 30 01:15:17 EST 1998
```

No se obtiene nada especial. Quizá se esté preguntando por qué estamos dedicando tiempo a explicar este comando. La respuesta es sencilla: sin el comando date, ¿cómo podría localizar la información de fecha y hora actuales en la computadora? El entorno KDE muestra la información en su escritorio, pero fuera de este entorno, el comando date será muy útil si lleva horas sentado delante de la pantalla de su computadora y ha perdido la noción del tiempo.

Uso de uptime

El comando uptime es otro comando sencillo y útil. Devuelve la hora actual, el número de usuarios que tienen iniciada una sesión en el sistema, el tiempo que lleva funcionando el sistema y la cantidad de carga que ha tenido que soportar el sistema. Para ello, sólo es necesario escribir uptime en el indicativo de comandos.

```
>uptime
1:20am  up 2 days,  9:18,  2 users,  load average:
➥1.10, 0.90, 0.10
```

Como puede observar en el resultado obtenido, es la 1:20 a.m.; el sistema lleva funcionando 2 días, 9 horas y 18 minutos desde que fue reiniciado por última vez, y, actualmente, hay dos usuarios utilizando el sistema. La carga media se indica mediante tres valores: el primer valor es la carga del sistema durante el último minuto, el segundo valor indica la carga media en los últimos 10 minutos, y el tercero especifica la carga media soportada durante los últimos 15 minutos. Estos valores no suelen ser mayores que 1 o 2. Si un sistema soporta una carga media superior a 5 significa que está **realmente** ocupado.

Uso de who

Como ya sabemos, Linux es un sistema operativo multiusuario. Esto significa que puede haber diferentes usuarios utilizando el sistema al mismo tiempo. Si el sistema va demasiado lento, es posible que desee comprobar quién está usando la máquina, para ir a su mesa y gritarle. Para ver quién ha iniciado una sesión en el sistema, se utiliza el comando who.

```
>who
jray      ttyp0    Nov 29 16:35 (192.168.0.91)
yort      ttyp1    Nov 29 21:47 (192.168.0.211)
```

En este momento hay dos usuarios con una sesión en el sistema. El comando who devuelve el nombre de usuario de cada uno de los usuarios que tienen iniciada una sesión en el sistema, junto con el nombre del terminal de control, la fecha y la hora en que iniciaron la sesión y la dirección IP desde la que están conectados.

CONSEJO

Si no reconoce a uno de los usuarios que está conectado al sistema, recuerde que puede utilizar el comando finger. Dicho comando sirve para obtener más información sobre otros usuarios del sistema.

Otras utilidades del entorno KDE y de la línea de comandos

En el sistema Linux hay disponibles cientos de utilidades distintas que sirven para supervisar las conexiones de red, para procesar archivos e incluso para la generación de calendarios (cal). Si desea investigar sobre esto, le sugerimos que haga un listado de los archivos contenidos en los directorios

/usr/bin y /usr/local/bin y que lea las páginas del manual para obtener más información acerca de cualquier utilidad.

El entorno KDE ofrece sus propias utilidades, entre las que se incluyen un administrador de información personal (PIM, *Personal Information Manager*) llamado KArm, un programa para dar formato a disquetes llamado KFloppy y un reproductor de CD denominado KCD, entre otros. Es imposible tratar de forma exhaustiva todos estos temas en un solo libro. Lo mejor que puede hacer es revisar el sistema de archivos e investigar aquellos que le parezcan interesantes. Las innumerables páginas del manual acerca de las utilidades de la línea de comandos constituyen una fuente de información excelente. El entorno KDE ofrece asimismo ayuda en línea, que también debería facilitarle bastante la tarea.

Resumen

Linux dispone de toneladas de utilidades prediseñadas. En este capítulo se han explicado algunos de los programas que modifican la información relacionada con los perfiles de cuenta, así como algunas utilidades para supervisar el estado de la computadora y poder saber quién la está usando en cada momento. A continuación se enumeran los puntos más importantes de este capítulo:

- **passwd/yppasswd**. El comando **passwd** sirve para cambiar la contraseña de una cuenta. Si se encuentra en un entorno de red formado por computadoras Linux, es posible que, en lugar del comando **passwd**, tenga que usar el comando **yppasswd**.

- **chsh**. Utilice el comando **change shell** para cambiar el *shell* actual. Si no está seguro de qué *shell* elegir, puede utilizar el comando **chsh -l** para obtener una lista de los *shells* disponibles en el sistema.

- finger. Este comando busca información personal sobre una cuenta de la computadora local o de una computadora remota. En ocasiones, el comando **finger** está desactivado por razones de seguridad, por lo que es posible que no pueda utilizarlo para obtener los resultados que espera.

- chfn. Utilice este comando para cambiar la información suministrada por el comando **finger**. Permite cambiar el nombre completo, la dirección de la oficina y los números de teléfono de casa y del trabajo en su perfil de cuenta.

- date. Este comando, bastante sencillo, muestra la fecha y hora actuales de la computadora.

- uptime. El comando **uptime** proporciona una información resumida acerca del estado del sistema operativo, incluyendo el tiempo que lleva funcionando, el número de usuarios que tienen iniciada una sesión y la carga media del sistema en los últimos 15 minutos.

- who. El comando **who** permite obtener un listado de todos los usuarios que tienen iniciada una sesión en el sistema, la fecha en que se conectaron y la dirección de red desde la que están conectados. Si la máquina parece que va lenta, puede utilizar el comando **who** para saber qué es lo que ocupa tanto tiempo de procesador.

- **Otras utilidades.** El número de utilidades en el sistema Linux es tan elevado que sería imposible explicarlas todas en este libro. Afortunadamente, en el manual encontrará una amplia documentación sobre la mayor parte de los programas del sistema. Además, el entorno KDE posee un sistema exhaustivo propio de documentación.

Cómo modificar el entorno de usuario

16

En este capítulo, el lector aprenderá a utilizar las herramientas necesarias para modificar el entorno y aprenderá a sacar partido de algunos comandos.

Existe un amplio número de programas que se combinan para crear el sistema que utiliza el usuario de Linux; por esta razón, debe saber cómo utilizar las herramientas que se explican en este capítulo y consultar, por otra parte, la documentación correspondiente a los programas, con el fin de poder realizar las modificaciones que desee.

¿QUÉ SHELL USAR?

En este capítulo se da por supuesto que el usuario está utilizando el *shell* bash. En el caso de que esté utilizando otro shell, tendrá que cambiar parte de la sintaxis, aunque la idea sigue siendo la misma.

Los alias

Una de las funcionalidades más útiles que ofrece un *shell* es la capacidad de crear alias de comando. Los alias son, simplemente, alias. Por ejemplo, si usted es un usuario habitual de DOS, es posible que se equivoque y escriba del cuando debería escribir rm para borrar archivos. Para evitar que le ocurra esto, puede definir un alias mediante el comando **alias**. La sintaxis de este comando sería la siguiente: alias <nuevo nombre> <comando que hay que ejecutar>. Si desea crear ese alias para **del**, tendría que escribir el comando `alias del rm`. Una vez establecido dicho alias, siempre que escriba del, el sistema ejecutará el comando **rm**.

Además de que permite cambiar el nombre de los comandos, el comando **alias** es muy útil para crear metacomandos que obliguen a establecer determinadas opciones. Por ejemplo, siempre es conveniente utilizar el comando **rm** en el modo interactivo (rm -i). Para ello, puede utilizar un alias alias rm 'rm -i' (observe la situación de las comillas simples). De ahora en adelante, siempre que escriba rm, el sistema ejecutará realmente el comando **rm -i**.

Si desea crear alias más complicados, puede programar incluso pequeños *scripts* multicomando dentro de los alias. Por ejemplo, supongamos que desea acceder a dos servidores de noticias distintos desde su cuenta. En este caso, podría tratarse de un servidor público de grupos de noticias Usenet y un servidor de la empresa para obtener noticias de carácter interno. Los comandos **trn** y **rn** no son capaces de comunicarse con dos servidores de noticias al mismo tiempo y, lo que es peor, guardan la información que indica "lo que se ha leído" en un archivo con un nombre fijo. En este caso, se puede utilizar el comando **alias** para automatizar las tareas. Ejecutando los dos comandos **alias** siguientes se resolverá el problema:

```
> alias leerempresa 'export NNTPSERVER=
➥server.big.company.com;\
                    cp ~/.corp-newsrc ~/.newsrc;\
                    trn;
                    cp ~/.newsrc ~/.corp-newsrc'
> alias leerusenet    'export NNTPSERVER=
➥public.newsstand.com;\
                    cp ~/.public-newsrc ~/.newsrc;\
                    trn;
                    cp ~/.newsrc ~/.public-newsrc'
```

¿Qué es lo que hacen estos comandos?

- La primera línea de cada uno establece una variable de entorno que indica al comando **trn** dónde debe mirar para conseguir las noticias. En la sección siguiente encontrará información ampliada sobre este aspecto.

- La segunda línea de cada uno copia un archivo de configuración en el archivo .newsrc, situado en el directorio principal. El comando **trn** utiliza el archivo .newsrc para comprobar qué noticias ha leído el usuario y cuáles no. Si está utilizando dos servidores distintos con dos series diferentes de grupos de noticias, no podrá utilizar el mismo archivo .newsrc. Por tanto, deberá crear dos y hacer que el comando **alias** copie el adecuado cuando sea necesario.

- La tercera línea no debería requerir explicación alguna. El comando **trn** lee grupos de noticias Usenet. En el Capítulo 18, "Cómo acceder a recursos de red", encontrará más información sobre este tema.

- La cuarta línea puede parecer extraña al principio, pero también es muy simple. Como el comando **trn** actualiza el archivo .newsrc con información sobre lo que acaba de leer el usuario, será necesario guardar el archivo para la próxima vez que lea las noticias. Por tanto, se ejecuta el comando **cp** para copiarlo de nuevo en su ubicación original.

Lo único que necesitará ahora es escribir `leerempresa` para leer las noticias del servidor de noticias de la empresa (**server.big.company.com**), y para leer los grupos de noticias de Usenet, `leerusenet`.

Variables de entorno

Tal y como dijimos anteriormente, la mayor parte del software que usamos, así como la interfaz en la que trabajamos al utilizar Linux, se configuran mediante archivos de texto un tanto crípticos. Existen otros tipos de software que se configuran mediante variables de *shell* especiales llamadas **variables de entorno**. Las variables de *shell* le deberían resultar ya familiares, puesto que se explicaron en el Capítulo 14, "*Scripts* de *shell* básicos".

Las variables de entorno las utilizan los programas para recopilar determinada información que necesitan para funcionar. Por ejemplo, existen programas que necesitan una variable de entorno que contenga la ruta de acceso del archivo de ayuda. Otros utilizan variables de entorno que almacenan configuraciones personalizadas para elementos como el tamaño de las ventanas o las preferencias de ubicación. En el apartado anterior sobre los alias, quizá haya observado que aparecía un programa para el que era necesario especificar una variable de entorno que le indicara con qué *host* de Internet tenía que contactar.

Las variables de entorno no suelen utilizar la misma sintaxis que las variables de *shell* normales; es decir, en lugar de utilizar la sintaxis set <nombre de variable>=<valor>, hay que utilizar la sintaxis export <nombre de variable>=<valor>.

Suponga que dispone de un programa que requiere que se configure la variable HELPFILE_LOC con el directorio que contiene la información de ayuda. Si no se establece esta variable, el programa no podrá encontrar la información que necesita y no funcionará bien. Si averigua que el archivo de ayuda está ubicado en el directorio /usr/local/helpstuff, puede establecer la variable que necesita ejecutando el siguiente comando: export HELPFILE_LOC=/usr/local/helpstuff.

Existe un gran número de programas que utilizan variables de entorno para la información de configuración, pero el formato es siempre el mismo. Sólo hay que saber qué variable se tiene que establecer y asignarla el valor correcto.

CÓMO VER LAS VARIABLES DEL SHELL

Si desea ver las variables de entorno que ya están configuradas en su *shell*, puede utilizar el comando export sin ningún argumento.

Si está ejecutando X Windows e intenta visualizar la información en una computadora distinta de la máquina en la que se esté ejecutando el cliente, es posible que tenga que configurar la variable DISPLAY mediante el comando export DISPLAY =<nombre de la máquina>:0.0.

Si ha ejecutado un programa y éste finaliza con un mensaje del tipo ld.so not found (no se encuentra ld.so) es posible que tenga que configurar la variable LD_LIBRARY_PATH con un comando como export LD_LIBRARY_PATH=/usr/local/lib.

Las posibilidades son realmente infinitas pero, afortunadamente, realizar las configuraciones es un proceso relativamente sencillo. Recuerde que las configuraciones que realice en un *shell* no afectan a otro *shell*. Si desea acceder a más de una configuración al mismo tiempo, puede configurar la misma variable de entorno con diferentes valores en distintos *shells* que se estén ejecutando simultáneamente.

Las rutas de acceso

Otra variable de *shell* especial es la variable PATH. Esta variable le indica al *shell* dónde debe buscar los programas que desea ejecutar el usuario. ¿Recuerda cuánto tiempo tardaba el comando find en buscar determinados elementos (véase el Capítulo 5, "Búsqueda de archivos")? Seguramente no quiera esperar tanto tiempo siempre que ejecute un programa, es decir, seguramente no deseará que el sistema realice la búsqueda en todos los archivos de su computadora para encontrar un programa. En lugar de ello, el *shell* incluye una lista breve de dónde buscar los programas y sólo analiza en estas ubicaciones.

Si dispone de una copia de un programa en su directorio actual e introduce el nombre del archivo, es posible que se produzca un error y aparezca el mensaje command not found (no se ha encontrado el comando). Esto se debe a que la variable PATH no suele incluir el directorio actual. Para evitar este problema, puede ejecutar los programas del directorio actual escribiendo ./<nombre del programa> o añadir el directorio actual a la ruta de acceso.

CÓMO TRABAJAR CON RUTAS DE ACCESO

El directorio actual no suele incluirse en la ruta de acceso por razones de seguridad. Si el directorio actual se encuentra en la ruta de acceso, alguien puede engañarnos y hacernos ejecutar programas maliciosos llamándolos como comandos Linux normales y guardándolos en nuestros directorios. Si desea incluir el directorio actual en la ruta de acceso, siempre debe colocarlo al final de la ruta. De esta forma, los comandos Linux normales se encontrarán antes que cualquier caballo de Troya que pudiera haberse colado en el sistema.

Si desea ver cuál es su ruta de acceso actual, lo puede hacer utilizando el comando echo $PATH. Si no aparecen algunas de las rutas que necesita (por ejemplo, el directorio actual y /usr/local/bin), puede añadirlas utilizando el comando export PATH=$PATH:.:/usr/local/bin.

Opciones predeterminadas del usuario: los archivos de punto

La cuenta de un usuario configura de forma automática algunas características al iniciar la sesión o al iniciar algún *shell.* Los programas, exceptuando el *shell*, también utilizan, en ocasiones, archivos de punto para guardar información de configuración. Los archivos de punto son, como su nombre indica, archivos cuyos nombres van precedidos de un punto (.) y, seguramente, encuentre muchos en su directorio principal. Algunos archivos de punto habituales son los siguientes:

- **.login y .logout.** Como podrá imaginar, son los archivos que se ejecutan cuando se inicia o se cierra una sesión, respectivamente. Si observa estos archivos, verá que se trata de *scripts* de *shell* que utilizan comandos que ya se han explicado en este libro y debería conocer. El *script* de *shell* login se utiliza normalmente para cambiar entre distintas series de archivos de configuración, en el caso de que el usuario desee configurar diferentes entornos, y para hacer otras cosas que requieren ser controladas de forma automática al iniciar la sesión. El *script* de *shell* logout no se utiliza con tanta frecuencia, pero puede contener tareas útiles que haya que realizar en el momento de cerrar la sesión. ¿Qué utilidad podríamos dar a los archivos .login y .logout? Por ejemplo, se pueden añadir comandos que inserten en un archivo la información sobre la fecha y la hora siempre que se inicie o se cierre la sesión. Si alguna vez ha tenido que rellenar una hoja de asistencia, estos archivos le serán muy útiles.

- **.bashrc o .bash_profile.** Son los *scripts* de *shell* que se ejecutan cuando se abre el *shell* bash. El resto de *shells* tiene sus propios *scripts* que también se ejecutan durante el inicio; consulte la documentación de su *shell*. Una vez más, la sintaxis debería resultarle familiar. En este archivo se pueden introducir comandos que realicen tareas como, por ejemplo, añadir rutas de acceso personalizadas a su entorno, establecer variables de entorno y configurar cualquier alias que le pueda interesar.

- **.plan.** Es un archivo que contiene la información que el sistema enviará a cualquier usuario que ejecute el comando finger para obtener información de nuestro sistema. Los usuarios suelen utilizar el archivo .plan para guardar información de contacto, sus citas favoritas y anécdotas. Puede introducir en el archivo .plan todo aquello que desee que vea la gente que busque información sobre usted desde un equipo remoto.

- **.Xdefaults.** Este archivo contiene configuraciones que utiliza la base de datos de recursos del servidor. La sintaxis de este archivo se explica en el Capítulo 3, "La interfaz gráfica de usuario". Por lo general, no tendrá que modificar este archivo, pero puede configurar muchas opciones relacionadas con el tratamiento que el servidor X da a varios programas y con el funcionamientos de diversos programas X11 que funcionan en el servidor. Si decide investigar, asegúrese de que primero realiza una copia de seguridad de este archivo, por si acaso tiene que restaurarlo. Una vez realizada esta copia de seguridad, no tiene que tener miedo de hacer cualquier modificación. La sintaxis es sencilla y, si hasta ahora ha sobrevivido, seguramente sabrá cómo realizar la mayor parte de las modificaciones que desee.

Sin duda alguna, encontrará otros archivos de punto en sus directorios. No tenga miedo de examinarlos. Verá que la mayoría resultan más legibles de lo que imagina. Aunque al principio pueda resultarle algo intimidante, para sacar el máximo provecho de Linux es necesario personalizar el entorno modificando estos archivos. No se olvide de hacer antes copias de seguridad y no tenga miedo de experimentar, puesto que una gran parte de la diversión al trabajar con Linux consiste en la experimentación.

Cómo arreglar terminales estropeadas: stty

En ocasiones puede ocurrir que la ventana de la línea de comandos parezca volverse loca y que, al pulsar la tecla **Supr**, aparezca **^?**, que al pulsar la tecla **Retroceso**, aparezca **^H**, y, al pulsar **Ctrl+c**, aparezca **^C**. Si le ocurre esto, debe restaurar los parámetros del terminal que afectan a las operaciones de borrado e interrupción. Para ello, introduzca los dos comandos siguientes:

```
> stty erase <Supr>
> stty intr ^C
```

Observe que, en lugar de introducir el carácter de control directamente, se puede utilizar también la expresión **^<carácter>** para representar el carácter. También se puede utilizar el comando **stty erase Retroceso**, si en su teclado le resulta más cómodo utilizar la tecla **Retroceso** que la tecla **Supr**. Si su terminal se ha vuelto completamente loco y parece que la tecla **Intro** ya no funciona bien, puede intentar utilizar el comando **stty sane Ctrl+j**. Este comando intentará restablecer la configuración predeterminada del terminal, pero no es seguro que funcione.

Cómo cambiar la apariencia del entorno KDE

El entorno KDE incluye la capacidad de personalizar el entorno de escritorio de la misma forma que se haría en los sistemas operativos Windows o Mac OS. Se puede personalizar el fondo, el salvapantallas, las fuentes y otros atributos del entorno de ventanas. Los cambios que realice sólo afectarán a su configuración personal (no afectan a todo el sistema), por lo que puede personalizar el entorno a su gusto. En la Figura 16.1 se muestra un ejemplo de las distintas configuraciones que se pueden utilizar para personalizar el escritorio.

Si desea cambiar la apariencia del entorno KDE:

1. Haga clic en el icono **K** de la barra de herramientas principal.

2. Seleccione la opción **Settings** (configuración) del menú.

3. Determine la propiedad que desea cambiar (escritorio, sonido, etc.).

4. Seleccione cualquier subpropiedad dentro de la categoría que haya elegido. Por ejemplo, si ha elegido la opción **Desktop** (escritorio), puede cambiar el color, el fondo, las fuentes, etc.

Figura 16.1
La interfaz gráfica KDE ofrece una amplia selección de opciones de configuración para personalizar el entorno.

5. Realice todos los cambios que desee y luego haga clic en Apply (aplicar) o en OK (aceptar) para que se hagan realidad.

6. ¡Disfrute de su nuevo entorno!

Resumen

En este capítulo se ha realizado una introducción sobre cómo modificar los parámetros de configuración del entorno utilizando alias, variables de entorno y archivos de configuración. Gracias a estas modificaciones, el usuario puede disfrutar de un entorno personalizado. A continuación, se revisan los puntos más importantes de este capítulo:

- **Variables de entorno.** Se suelen utilizar para especificar opciones de configuración independientes para un programa, como, por ejemplo, proporcionar un puntero a un directorio que el programa necesite.

- **Variable PATH.** Determina dónde debe buscar el sistema cuando se ejecuta un comando. Si existe un comando en el sistema, pero la ruta de acceso al comando no se encuentra en la variable PATH, éste no será encontrado cuando escriba su nombre.

- **Alias.** Constituye una potente característica de los *shells* de Linux. Permite renombrar comandos y obliga a los comandos a que utilicen siempre determinadas opciones al ejecutarse.

- **Archivos de punto.** Muchos programas pueden controlarse mediante archivos de texto que contienen información de configuración. Los nombres de estos archivos casi siempre van precedidos de un punto (.). Son estos archivos los que hay que utilizar para automatizar los parámetros de configuración para el *shell* y para configurar las opciones para el sistema de ventanas.

- **stty.** Es un comando que puede salvar una sesión de terminal, en el caso de que, por alguna razón, el sistema haya empezado a comportarse de forma extraña.

No tenga miedo de experimentar. Acaba de finalizar una lección en la que se ha explicado cómo modificar el entorno de usuario. ¡Es el momento de configurarlo a su gusto!

Cómo comunicarse con el mundo exterior

PARTE VI

La impresión

En este capítulo, el lector aprenderá a imprimir trabajos (tareas de impresión) en una impresora de su red.

El proceso de configuración de una impresora varía según el modelo, y es necesario disponer, para realizarlo, de los privilegios de un superusuario (usuario **root**), por lo que resultaría bastante complicado explicar en este libro dicha tarea.

Las computadoras Linux suelen comunicarse con servidores lpd que proporcionan acceso a impresoras remotas a través de una red TCP/IP. Afortunadamente, se accede del mismo modo a las impresoras locales (conectadas directamente) que a las impresoras remotas. Por tanto, podemos explicarle cómo utilizar una impresora de una forma general, que podrá aplicar, independientemente del modo en que el administrador del sistema haya configurado la computadora.

Cómo enviar una tarea de impresión: lpr

En Linux, varias personas pueden imprimir al mismo tiempo. Por esta razón, cuando envíe una solicitud de impresión a una impresora, a esta solicitud se le asignará un número de tarea. Si desea cancelar la tarea de impresión, este número servirá para saber cuál es la tarea que se debe eliminar de la cola de impresión. La tarea de impresión sólo la puede eliminar de la cola el propietario de dicha tarea, salvo que se trate de un superusuario, o usuario root.

POSTSCRIPT FRENTE A NO-POSTSCRIPT

En esta lección se supone que la tarea de impresión se envía a una impresora PostScript. Sin embargo, es posible que su sistema esté configurado de forma que interprete PostScript utilizando un rasterizador y envíe la tarea de impresión a una impresora no-Post-Script.

El comando line print (lpr) es el método básico para enviar datos a la impresora. Este comando vierte los datos directamente a la impresora que se haya especificado. Para usar dicho comando, siga estos pasos:

1. Especifique el nombre de la impresora que desea utilizar. Probablemente, este dato lo haya configurado ya el administrador del sistema.

2. Seleccione el archivo que desea imprimir. Por ahora, elija únicamente archivos de texto. Más adelante explicaremos algunos formatos distintos.

3. Envíe la tarea de impresión utilizando el comando lpr -P<nombre de la impresora> <nombre de archivo> <nombre de archivo>... Si sólo hay una impresora configurada en su computadora, podría escribir únicamente lpr <nombre de archivo> <nombre de archivo>...

Por ejemplo:

```
>lpr -PHOD samplefile.txt
```

El resultado de este comando es que el archivo samplefile.txt se envía a la impresora denominada HOD. Por si le interesa saberlo, HOD es el nombre de la impresora de la oficina del autor, que equivale en inglés a *Heart of Darkness* (el corazón de las tinieblas). Dependiendo de la carga de la impresora, la tarea de impresión se procesará en más o menos tiempo.

CÓMO IMPRIMIR MÁS DE UNA COPIA

Si desea imprimir varias copias de un documento, no es necesario que envíe distintas tareas de impresión. Tan sólo debe especificar el número de copias directamente como una opción del comando lpr. Ejecute el comando lpr seguido del argumento -#<número de copias> para imprimir varias copias de cada archivo de la tarea de impresión.

Existen algunos formatos de archivo y tipos de impresión especiales que quizá requieran una atención especial por parte del comando print. Esta atención especial tiene la forma de **filtros** que se aplican al archivo y transforman la información a un formato que reconozca la impresora.

- **Formato PS (archivos PostScript).** Los archivos PostScript deberían ser tratados de forma automática por el comando lpr. Se pueden imprimir del mismo modo que se imprimen los archivos de texto legible.

- **Formato DVI (archivos TeX).** Los archivos TeX contienen instrucciones de presentación de página especiales. Se puede utilizar la opción -d con el comando lpr para imprimir estos archivos correctamente.

- **Formato TR (archivos Troff).** Es el formato de archivo estándar para las páginas del manual. Si desea imprimir las páginas del manual, utilice la opción -t.

- **Archivos de texto con líneas muy largas.** Si tiene problemas a la hora de imprimir archivos de texto y aparecen líneas que sobrepasan el margen de la página, puede volver a dar formato a dichos archivos sobre la marcha, con el fin de que las líneas quepan en la página. Para ello, debe utilizar la opción -p junto con el comando lpr.

Cómo comprobar el estado de una tarea de impresión: lpq

Una vez enviada la tarea a la impresora, es posible que necesite comprobar si la tarea se está imprimiendo, sobre todo si se trata de una impresora de red que se encuentra situada en otro piso del edificio o incluso en otro edificio. Para comprobar el estado de la tarea de impresión, deberá observar la cola de la impresora a la que se envió dicha tarea. Para ello, ejecute el comando lpq -P<nombre de la impresora>. Una vez más, si sólo tiene configurada una impresora en el sistema, puede ejecutar simplemente el comando lpq.

Por ejemplo:

```
>lpq -PHOD
Rank    Owner     Job   Files             Total Size
1st     agroves   27    test.txt          19 bytes
2nd     jray      28    samplefile.txt    10021 bytes
```

En este ejemplo se indica que, actualmente, existen dos tareas de impresión distintas en la cola de la impresora HOD. Una de ellas pertenece a **agroves** y la otra a **jray**. Las tareas aparecen **numeradas**, de forma que se puede saber el orden en que se imprimirán. Además, aparecen los nombres de los archivos que se están imprimiendo, el tamaño y el número de identificación de la tarea.

Cómo cancelar una tarea de impresión: lprm

En ocasiones, el usuario puede enviar una solicitud de impresión equivocada a la impresora: por ejemplo, puede equivocarse y enviar un archivo de 3.000 páginas de una enciclopedia en lugar de un informe de tres páginas. En este caso se puede recurrir al comando **lprm**, que sirve para eliminar elementos de la cola de impresión.

Si desea ejecutar el comando **lprm**, realice los siguientes pasos:

1. Utilice el comando **lpq** para averiguar el identificador de la tarea de impresión que desea eliminar.

2. Ejecute el comando **lprm** con la sintaxis **lprm -P<nombre de la impresora> <identificador de la tarea>**.

Por ejemplo, si queremos eliminar de la cola de impresión la tarea del ejemplo anterior (tarea #28), habría que ejecutar el siguiente comando:

```
>lprm -PHOD 28
```

Para verificar los resultados, utilice el comando **lpq** para observar si la tarea ya no aparece en la cola de impresión:

```
>lpq -PHOD
Rank    Owner      Job   Files          Total Size
1st     agroves    27    test.txt       19 bytes
```

Se observa que la tarea ya no está en la cola de impresión y, por tanto, no se imprimirá. No se preocupe si confunde el identificador de su tarea de impresión con el de otra, puesto que sólo puede eliminar sus propias tareas.

CÓMO CANCELAR TODAS LAS TAREAS DE IMPRESIÓN

Si desea eliminar todas las tareas de impresión que ha enviado y se encuentran a la espera en la cola de impresión, puede utilizar el carácter - en lugar del identificador de la tarea. De este modo, se cancela todo lo que se haya enviado a la impresora.

Cómo realizar una impresión impactante: enscript

Si desea realizar una impresión original, puede utilizar el comando enscript para convertir los archivos de texto a formato PostScript y añadir algunas características especiales. Por ejemplo, si desea imprimir dos páginas de texto en una única hoja, debe ejecutar el comando enscript para que dé el formato adecuado al documento. Con este comando también se puede imprimir, en cualquier página, un titular informativo que ayude a identificar el archivo que se ha imprimido y la página del mismo. Si su versión de distribución de Linux no incluye el comando enscript, busque en uno de los muchos sitios web de Linux en los que se ofrece software y consiga una copia. Le recomendamos que empiece buscando en la siguiente dirección: http://www.linux.org.

Para utilizar el comando enscript en su forma más básica, siga estos pasos:

1. Seleccione la impresora.

2. Elija el archivo que desea imprimir.

3. Ejecute el comando enscript -d <nombre de la impresora> <nombre de archivo> <nombre de archivo>...

Por ejemplo, si quisiéramos imprimir el archivo samplefile.txt, tendríamos que ejecutar el siguiente comando:

```
>enscript -d HOD samplefile.txt
[ 1 pages * 1 copy ] sent to printer
```

A diferencia del comando lpr, el comando enscript proporciona algo de información sobre lo que está ocurriendo. En este ejemplo, el comando nos indica que hemos enviado una página a la impresora y hemos solicitado el número de copias predeterminado: uno. La salida de este comando, en su forma básica, será muy similar a la del comando lpr; simplemente vierte el archivo en la impresora. La diferencia, no obstante, está en las opciones de la línea de comandos que se pueden añadir al comando enscript para modificar la apariencia de la copia impresa. A continuación se incluyen algunas de estas opciones:

* **Intervalo de páginas.** La opción -a <primera página>-<última página> permite imprimir un intervalo de páginas, en lugar de todas las páginas del archivo.

* **Impresión de código fuente de una impresión original.** Si es programador, el comando enscript le permitirá imprimir código fuente en un formato atractivo con caracteres resaltados, si utiliza el conmutador de línea de comandos -E.

* **Encabezado original.** Si desea identificar fácilmente el archivo y el número de página correspondientes al texto de una página, puede ejecutar el comando enscript junto con la opción -G para imprimir un encabezado original.

* **Modo apaisado.** Ejecutando la opción -r, en lugar de imprimir en vertical, la impresión girará 90 grados y se hará en modo apaisado.

* **Varias columnas.** Si desea imprimir dos páginas de texto en cada página de la copia impresa, utilice la opción -2. Quizá convenga utilizar también la opción de cambio al modo apaisado, -r, con el fin de que quepa todo en la página.

* **Líneas de plantilla.** Si está leyendo código fuente o datos de hojas de cálculo, puede ser difícil seguir las líneas en la página. Utilice la opción -H para imprimir líneas de plantilla de color gris que atraviesen la página.

- **Múltiples copias.** Utilizando una sintaxis ligeramente distinta de la del comando lpr, el comando enscript puede imprimir varias copias de una tarea empleando la opción -n <número de copias>.

No olvide consultar las páginas del manual para obtener más información sobre el comando enscript. Existen muchas más opciones que se pueden utilizar para personalizar aún más la apariencia de las copias impresas.

Resumen

En este capítulo, el lector ha aprendido a utilizar los comandos necesarios para imprimir desde la línea de comandos. Si está utilizando una aplicación dentro del entorno KDE, la aplicación utiliza, de hecho, los mismos comandos que se han visto en esta lección para enviar información a la impresora. La serie de comandos lpr, lpq y lprm constituye la base de la impresión en Linux y en la mayoría de las máquinas UNIX. El comando enscript, por su parte, es la guinda del pastel. A continuación se incluye un breve resumen de los puntos clave de este capítulo:

- **lpr.** El comando lpr se utiliza para enviar un archivo a la impresora. Si el formato del archivo no es el de texto legible, se puede procesar mediante un filtro para darle el formato correcto a la información y que la impresora la reconozca.

- **lpq.** Cuando se envía una tarea a la impresora, ya sea mediante el comando lpr o mediante el comando enscript, dicha solicitud se añade a la cola de impresión. El comando lpq se utiliza para visualizar todas las tareas de impresión que esperan en la cola, los números de identificación correspondientes y los respectivos propietarios.

- **lprm**. Si desea eliminar una tarea de la cola de impresión, ejecute el comando **lprm**. Este comando se puede utilizar para eliminar una única tarea o todas las tareas de impresión enviadas por nosotros que se encuentren a la espera en la cola de la impresora.

- **enscript**. El comando **enscript** es una utilidad que sirve para realizar impresiones más atractivas. Permite, entre otras cosas, imprimir el contenido de varias páginas de un archivo en una sola página de impresión y crear bonitos encabezados gráficos, entre otras cosas.

Cómo acceder a recursos de red

18

En este capítulo analizaremos otra de las ventajas que ofrece Linux: la conectividad en red.

Este rapidísimo recorrido por el sistema operativo Linux está a punto de finalizar; sin embargo, hay multitud de otras cosas que el usuario puede explorar y aprender acerca de las capacidades que Linux pone a su disposición.

Linux destaca en las conexiones en red: con una configuración adecuada, se puede crear una red de máquinas Linux por todo el planeta y, si el usuario inicia la sesión en cualquiera de las computadoras de dicha red, el entorno del usuario, los archivos y los programas que encuentre en el sistema serán los mismos que tenga en su computadora de uso personal.

Con la misma facilidad con que puede distribuirse el entorno de una computadora personal a distintas máquinas del planeta, el usuario puede distribuir la carga de trabajo entre esas mismas máquinas desde su propia computadora. En este capítulo se realiza un estudio de los distintos programas que permiten llevar a cabo esta distribución de la carga de trabajo.

telnet

El programa **telnet** es un programa de terminal simple. En su uso primario, permite abrir una sesión en una máquina remota. Para utilizar el programa telnet, ejecute el comando telnet <máquina remota>, donde <máquina remota> puede ser una dirección IP o un nombre de *host*. El sistema debería pedir entonces que se introduzca un nombre y una contraseña exactamente igual que si estuviéramos sentados en la consola de la máquina remota.

PARTICULARIDADES DE TELNET

No es extraño que, en alguna ocasión, las teclas Retroceso y Supr no funcionen correctamente en el momento de introducir el nombre y la contraseña para el programa telnet. No se preocupe, esto se debe, simplemente, a que la computadora remota no sabe aún qué tipo de terminal está usando. Si el problema persiste al iniciar la sesión, consulte la utilización del comando stty en la Lección 16, "Cómo modificar el entorno de usuario".

rlogin

El comando rlogin es muy similar al comando telnet, salvo que, además de intentar realizar la conexión, transmite cierta información sobre el usuario. Si su cuenta puede funcionar en varias máquinas, éstas deberán estar configuradas para poder conectarse de una a otra sin tener que iniciar la sesión en cada una de ellas. Para ello, intente ejecutar el comando rlogin <máquina remota>. Si tiene suerte, terminará en un *shell* de la máquina remota, si no, aparecerá el diálogo de inicio de sesión. Por lo demás, rlogin funciona de manera idéntica al comando telnet.

slogin

El comando slogin es un programa de terminal remoto que permite cifrar de forma compleja el flujo de datos. Si en sus máquinas se está ejecutando un servidor de *shell* seguro, le recomendamos que utilice este comando. Tanto el comando rlogin como el comando telnet envían la información de inicio de sesión y contraseña (y cualquier otra cosa que se escriba) a través de la red en formato de texto legible. Un usuario malicioso que disponga de software de decodificación (*cracker software*) puede **detectar** esta información y acceder a su cuenta. No confunda a este tipo de usuarios con los *hackers*, ya que éstos son programadores un tanto chapuceros, pero, en ocasiones, excelentes. Los *hackers* no acceden a sitios no autorizados; sin embargo, los *crackers* sí que lo hacen.

Para saber si el servidor *shell* seguro se está ejecutando y configurar el comando slogin (que necesita una considerable dosis de configuración antes de poder utilizarlo), le recomendamos que se ponga en contacto con el administrador del sistema, que estará encantado de explicarle el uso del comando slogin o de cualquier otra alternativa que ayude a aumentar la seguridad de su sistema.

rn/trn

Los comandos rn y trn sirven para leer grupos de noticias Usenet. Aunque ahora se están batiendo en retirada debido al éxito de la *World Wide Web*, los grupos de noticias Usenet eran considerados en el pasado la memoria colectiva de la Red. A pesar de que la Web haya eclipsado a los grupos de noticias en términos de visibilidad, el hecho de que los grupos de noticias funcionen como foros de discusión sobre un tema y permitan interactuar casi en tiempo real hace de ellos una fuente útil en la que encontrar información y ayuda. Los comandos rn o trn se pueden utilizar para acceder a una gran variedad de información: desde lo más técnico hasta lo más tonto, lo más sublime. Los comandos rn y trn se ejecutan escribiendo su nombre y, una vez dentro de ellos, se pueden emplear comandos de uno o varios caracteres, seguidos de la tecla Intro. Los comandos principales que debe conocer para utilizar rn o trn son los siguientes:

Listado de grupos de noticias. Si ejecuta el comando l <tema><Intro> obtendrá un listado de todos los grupos de noticias que contienen dicho tema. Le aconsejamos que, hasta que se acostumbre a los convenios de denominación de los grupos de noticias, introduzca los nombres de los temas de forma abreviada (por ejemplo, para *computer topics* (informática), escriba sólo comp).

Acceso a un grupo de noticias. Para ello, ejecute el comando g <nombre del grupo de noticias><Intro> y siga las instrucciones.

Obtención de ayuda. Si ejecuta el comando h - no <Intro>, obtendrá una gran cantidad de ayuda contextual prácticamente en cualquier punto del programa.

El comando trn es una versión ligeramente más sofisticada del comando rn y ofrece la posibilidad de seleccionar artículos según su hebra de discusión correspondiente, por lo que, quizá, prefiera utilizar esta versión, si se encuentra disponible. Las dos versiones se pueden configurar mediante opciones de la línea de comandos y archivos de configuración.

¿QUÉ HACER SI EL COMANDO TRN SE EJECUTA, PERO PARECE QUE NO FUNCIONA?

Es probable que lo que ocurra es que no tenga configurado un servidor de noticias (NNTP). Para ello, consulte el Capítulo 16, en la que se presentaba un ejemplo sobre cómo configurar la variable de entorno NNTPSERVER.

---

ftp

El comando ftp sirve para extraer archivos de máquinas remotas que no estén configuradas para compartir sus sistemas de archivos con nuestra computadora. Si su máquina dispone de un servidor FTP, podría utilizarlo también para distribuir los archivos al resto del mundo. Para ello, consulte con su administrador del sistema.

Para utilizar el comando **ftp**, introduzca el comando **ftp** <**servidor ftp**>, donde **servidor ftp** es una dirección IP o el nombre de *host* de una máquina remota que disponga de un servidor FTP. Si ha realizado la conexión correctamente, el sistema le pedirá que introduzca su nombre de usuario y su contraseña.

Algunos servidores FTP permiten realizar la conexión sin que sea necesario disponer de una cuenta en el sistema. Para ello, debe utilizar el nombre de usuario *anonymous* (anónimo) y proporcionar la dirección de e-mail como contraseña.

Una vez que haya conectado con el sitio FTP, podrá ejecutar los comandos **cd** y **ls** para navegar por los directorios. Ejecutando el comando **get** <**nombre de archivo**> podrá extraer el archivo correspondiente y con el comando **put** <**nombre de archivo**>, podrá enviar un archivo de su directorio al sistema remoto.

CORRUPCIÓN EN LOS DATOS

Algunos servidores FTP pueden transmitir datos indescifrables, a no ser que ejecute el comando binary una vez que haya realizado la conexión. En realidad, los servidores FTP intentan compatibilizar los dos modos distintos en que Linux y las máquinas de tipo PC utilizan los retornos de carro en los archivos, pero, al final, acaban liándolo todo al comunicarse con otra máquina Linux. Si, después de descargar un archivo, éste resulta indescifrable, ejecute el comando binary antes de emplear el comando get.

Conectividad con Windows: smbclient y smbmount

Si está acostumbrado a utilizar el comando ftp y, por algún casual, tiene que trabajar con una red basada en Windows, le vendrá bien utilizar el comando smbclient, que permite conectar con una cuenta NetBIOS de Windows como si se tratara de un sitio FTP. Puede utilizar los mismos comandos cd, ls, get y put para navegar e interactuar con el sistema de archivos. Desafortunadamente, sólo se pueden enviar y recibir archivos desde el recurso compartido; no se puede interactuar con archivos directamente en el servidor. Para ello, sería necesaria la configuración de superusuario smbmount para instalar la cuenta Windows como una unidad local. No obstante, independientemente de cuáles sean sus necesidades en cuanto a Windows, el sistema Linux está preparado para proporcionar la necesaria conectividad.

Navegadores web: Netscape, Lynx y KDE

Existen varios navegadores que se pueden utilizar para acceder a la *World Wide Web*. A continuación, incluimos algunos de ellos.

Netscape

Netscape es el navegador web gráfico disponible en un mayor número de plataformas Linux. Funciona de forma bastante parecida a las versiones de PC y Macintosh que probablemente ya conozca: señalar, hacer clic y repetir cuantas veces sea necesario. Si está disponible en su sistema, debería ser capaz de iniciar el navegador Netscape ejecutando el comando **netscape** en un terminal X Windows.

Lynx

Lynx es un navegador web basado en texto, que resulta útil en esas ocasiones en las que sólo disponemos de una ventana de texto. Inicie el navegador ejecutando el comando lynx <URL> y obtendrá una representación textual de la página que corresponda a ese URL. El navegador Lynx incluye un número sorprendentemente elevado de funciones para lo que quizá piense que es un mercado extremadamente limitado. El mercado es realmente mayor de lo que se pueda pensar. Lynx inicia y carga las páginas mucho más rápidamente que los navegadores basados en una interfaz gráfica. Por esta razón, puede ser una buena alternativa si necesita consultar de forma rápida varias páginas web y no desea ver los gráficos ni tener que esperar.

KDE

Todas las ventanas de administración de archivos del entorno KDE son también un navegador web completamente funcional. En lugar de iniciar un programa que requiera muchos recursos del procesador, como, por ejemplo, Netscape, puede introducir el URL de destino en la línea de URL que aparece en la parte superior de cualquier ventana de administración de archivos y, en poco tiempo, aparecerá el sitio web que está buscando.

E-mail

De todas las herramientas de red que utilizará desde su cuenta de Linux, lo más probable es que el programa de e-mail sea la que más utilice. Esta herramienta le permite comunicarse con amigos y colegas, intercambiar archivos y contactar con gente de todo el planeta. Puesto que se trata de una de las herramientas más utilizadas, también dispone de la más amplia gama de software existente. La mayoría de las versiones de Linux incluyen, al menos, dos programas distintos para acceder al e-mail y resulta frecuente disponer de muchos otros que se han instalado con el tiempo. A continuación incluimos algunos de los programas que más se utilizan para acceder y trabajar con el e-mail:

- **mail.** Este programa se encuentra en casi todos los sistemas Linux. Se trata de un sistema de lectura de mensajes e-mail que se controla desde la línea de comandos. Es un programa bastante simple, sin muchas opciones de personalización; sin embargo, es rápido y cómodo de usar si no necesita utilizar filtros de correo ni una interfaz de menús.

- **pine** y **elm.** Ambos son programas de lectura de e-mail en pantalla completa, con menús y opciones de configuración simples e intuitivos. El programa **pine** es algo más potente que **elm**, pero ambos son buenos programas de lectura de e-mails para usuarios que prefieran un programa de e-mail basado en texto algo más sofisticado.

- **mh** (*Mail Handler*, gestor de correo). La serie de programas **mh** es uno de los paquetes de lectura de e-mail menos intuitivos, si no el menos intuitivo de todos. Sin embargo, es también el más potente. La filosofía de la serie **mh** es muy similar a la filosofía de Linux: dividir el trabajo disponible en bloques lo más pequeños posible, convertir estos bloques en programas y permitir que el usuario los pueda combinar para realizar cualquier personalización que desee. Le recomendamos que sólo utilice **mh** como programa de lectura de e-mail cuando ya haya practicado la programación de *scripts* de *shell*, ya que el usuario debe crear alias y *scripts* personalizados antes de poder utilizar todas las opciones del programa **mh**.

- procmail (*Mail Processor*, procesador de correo). El programa procmail está diseñado para llevar a cabo un tratamiento automático y sofisticado de los mensajes de e-mail. Si desea añadir a su cuenta un tratamiento automático de los mensajes de e-mail, le aconsejamos que compruebe si el programa procmail está disponible en su sistema.

- **Interfaces gráficas de e-mail.** Muchos entornos de escritorio incluyen programas de lectura de mensajes de e-mail. Si prefiere utilizar los programas más avanzados controlables mediante ratón, recurra al software del entorno de escritorio. Netscape también proporciona un cliente de e-mail en las plataformas Linux, pero se trata, únicamente, de un cliente de e-mail POP y no es capaz de leer la bandeja de correo de Linux, a no ser que la máquina ejecute también un servidor POP3. En la Figura 18.1 se muestra un ejemplo de un cliente de e-mail (llamado *Mail client*) del entorno KDE.

El archivo .forward

Si desea que los mensajes de e-mail que llegan a su cuenta se envíen de forma automática a otro lugar, puede utilizar el archivo .forward. Este archivo no sólo se puede usar para reenviar los mensajes entrantes a otra dirección de correo, sino que también se puede usar para reenviar los mensajes de e-mail a otros programas, en el caso de que se quiera utilizar un programa de software para procesar los mensajes.

El formato del archivo .forward es sencillo.

Para reenviar los mensajes a otra dirección de correo, cree un archivo denominado .forward en el directorio principal. En este archivo, introduzca una única línea que

Figura 18.1
El entorno KDE incluye varios clientes gráficos de red, incluyendo un cliente de e-mail.

contenga la dirección de e-mail a la que desea enviar los mensajes. Finalmente, ejecute el comando chmod 644 -/.forward para establecer los permisos correctamente. De ahora en adelante, todos los mensajes que lleguen a su cuenta serán reenviados a la nueva dirección.

Para reenviar los mensajes a un programa de tratamiento automático, debe crear el archivo .forward en el directorio principal. En este archivo, introduzca una línea que contenga el carácter de canalización | seguido de la ruta de acceso al programa que desee utilizar. Finalmente, ejecute el comando chmod para el archivo, del mismo modo que en el ejemplo anterior. De ahora en adelante, los mensajes que lleguen a su cuenta serán canalizados al comando que se haya especificado en el archivo .forward.

Resumen

En este capítulo se ha realizado una breve descripción de algunas de las herramientas que le permitirán utilizar los recursos de red que le rodean. Cuando investigue más el sistema Linux, se dará cuenta de que lo que aquí se explica es, tan sólo, una mínima muestra y que, constantemente, están apareciendo nuevas herramientas que puede usar. Algunas de ellas serán actualizaciones o mejoras de los comandos que se han explicado en este capítulo; otras, en cambio, serán herramientas totalmente nuevas. No tenga miedo de probarlas todas. A continuación incluimos un resumen de los puntos clave de este capítulo:

- **telnet.** Este programa permite conectar con máquinas remotas si dispone de distintas cuentas en varias máquinas; es probable que lo utilice con frecuencia.

- **rlogin.** Este programa también permite conectar con computadoras remotas, pero es más útil que **telnet** si las máquinas con las que trabaja están configuradas para que se pueda pasar de una a otra sin tener que introducir un nombre de usuario y una contraseña.

- **slogin.** Este programa ofrece seguridad para conexiones remotas. Si lo tiene, utilícelo. La red se está convirtiendo en un lugar muy peligroso, en el que hay gente que accede sin permiso a las máquinas Linux. Si utiliza la conexión segura que ofrece el programa **slogin**, podrá proteger de ojos indiscretos la información que envíe a través de la red.

- **trn** y **rn.** Estos programas permiten leer grupos de noticias Usenet. Los grupos de noticias pueden ser una forma divertida y útil de encontrar información, pero también pueden hacerle perder bastante tiempo.

- ftp. Este programa permite conectar con servidores FTP y transferir archivos por todo el mundo.

- smbclient y smbmount. Estos programas permiten interactuar con servicios de compartición de archivos basados en Windows.

- **El navegador Netscape está disponible en la plataforma Linux.** Lynx es un rápido navegador web basado en texto. Ambos son útiles para acceder a recursos de la Web. Si tiene instalado el entorno KDE, puede utilizar también las opciones de navegación que dicho entorno incorpora.

- **Posiblemente disponga de una gran variedad de opciones para acceder al e-mail.** Consulte con otros usuarios de su sistema para saber lo que está disponible y cuál es la información de configuración que necesita.

Temas avanzados

Permisos

19

En este capítulo aprenderá lo que son los permisos y cómo cambiarlos.

Es posible que nunca tenga que trabajar con los permisos de archivo de Linux. Sin embargo, si su sistema tiene múltiples usuarios y desea compartir archivos con ellos, es muy posible que tenga que conocer el concepto de permisos y saber cómo modificarlos.

Propietarios, grupos y permisos

El propietario de un archivo es la persona que, como su nombre indica, posee dicho archivo. Todos los archivos contienen información en la que se indica la cuenta a la que pertenecen. Los archivos se pueden **otorgar** a otros usuarios, cambiando la información del propietario para que especifique el nuevo nombre de usuario. En general, la persona que crea un archivo es la persona que lo posee.

Todos los archivos del sistema Linux tienen almacenado un segundo tipo de información sobre el **grupo** que posee el archivo. Los grupos son conjuntos de usuarios. Si se permite que un grupo comparta la propiedad de determinados archivos, significa que varias personas pueden trabajar de forma conjunta en un proyecto y que los cambios que introduzca una de ellas estarán disponibles para el resto de forma inmediata. Cada uno de los usuarios de Linux tiene su propio grupo predeterminado, que equivale a su nombre de cuenta. Se trata de una tarea que realiza la utilidad que crea las cuentas de usuarios. En este caso, cuando un usuario crea un archivo, el grupo predeterminado es el grupo personal del usuario. Esto no es lo que ocurre, necesariamente, en muchos sistemas UNIX tradicionales. La idea que subyace bajo el hecho de que los usuarios del sistema Linux tengan grupos personales es que crear un grupo de usuarios que incluya todas las cuentas de usuario pone en peligro la seguridad del sistema.

Los **permisos** determinan las acciones que puede llevar a cabo un usuario en un archivo o en un directorio. Existen tres acciones básicas, que se explican por sí mismas: **leer**, **escribir** y **ejecutar**. Los permisos de lectura controlan si un usuario puede visualizar un archivo. Los permisos de escritura determinan si un usuario puede realizar cambios en un archivo. Los permisos de ejecución controlan si un usuario puede iniciar o ejecutar un archivo. En el caso de un directorio, estos permisos varían un poco. Si el permiso de ejecución sobre un directorio está desactivado, significa que no se puede ejecutar el comando **cd** para entrar en ese directorio, no se puede visualizar el contenido y no es posible realizar cambios; es decir, el directorio está desactivado. Si el permiso de lectura está desactivado, se pueden crear y leer archivos en ese directorio, pero no se puede obtener un listado de lo que éste contiene. Finalmente, si el permiso de escritura de un directorio está desactivado, significa que se puede visualizar un listado del contenido y leer los archivos, pero no se pueden crear nuevos archivos.

Cuando los permisos se aplican a un archivo o a una carpeta, se aplican en tres niveles distintos: **propietario**,

grupo y **resto del mundo**. Los permisos de propietario determinan qué permisos tiene el propietario del archivo. Los permisos de grupo determinan qué acciones pueden llevar a cabo los miembros del grupo al que pertenece un archivo. El administrador del sistema tiene la capacidad de crear nuevos grupos y añadir un usuario como nuevo miembro de un grupo. Los permisos para el resto del mundo son permisos para un grupo que incluye a **todos** los usuarios de la máquina. Si existe algún tipo de acceso de invitado en su computadora, puede dar por supuesto que cualquier permiso para el resto del mundo que esté activado se aplicará a cualquiera que acceda a la computadora.

Comprobación de los permisos de propietario, de grupo y asociados: ls -lg

El comando ls ya lo hemos utilizado anteriormente pero quizá no prestó demasiada atención a toda la información que puede ofrecer. Si ejecuta el comando ls -lg para obtener un listado de un directorio, podrá observar los permisos de propietario, de grupo y permisos asociados que estén activados para cada archivo.

Por ejemplo:

```
>ls -lg
-rw-r--r--  1 jray  jray      2024 Oct 26 20:39 kiwi.tar
-rw------  1 jray  test  1463882 Jul  2 11:33
➡magical-beans.gz
drwxrwxr-x  5 jray  test      1024 Nov  5 12:25 kyitn
...
```

La información que interesa, en este caso, se encuentra en las columnas primera, tercera y cuarta:

En la primera columna se indican los permisos de propietario, de grupo y del resto del mundo que están activados para un archivo o directorio. Si se trata de un directorio, el primer carácter será una **d**. Normalmente, en el caso de un archivo normal, el primer carácter es un guión (-). El resto de caracteres indican los atributos de un archivo o directorio y equivalen a: *read* (**r**, lectura), *write* (**w**, escritura) y *execute* (**x**, ejecución). Los tres primeros caracteres (los que van a continuación del carácter - o **d** inicial) son los permisos de propietario que están activados, el segundo grupo de tres indica los permisos de grupo activados y los últimos tres caracteres corresponden a los permisos para el resto del mundo.

En la tercera columna se indica quién es el propietario del archivo o directorio.

En la cuarta columna se indica el grupo propietario.

En este ejemplo, el archivo kiwi.tar tiene activados los permisos de lectura y escritura para el propietario, y los permisos de lectura para el grupo y para el resto del mundo. El propietario del archivo es **jray**, y el grupo a quien pertenece el archivo también es **jray**. El segundo archivo, magical-beans.gz, sólo tiene activados los permisos de lectura y escritura del propietario, que es **jray**. El grupo al que pertenece magical-beans.gz es **test**, que no tiene ningún permiso para operar sobre el archivo. El último archivo, kyitn, es, en realidad, un directorio. El propietario de kyitn es **jray**, y el grupo correspondiente es **test**. Tanto el propietario como el grupo tienen permisos de lectura, escritura y ejecución para este directorio, mientras que el resto del mundo sólo tiene los permisos de lectura y ejecución.

Cómo cambiar permisos: chmod

Ahora que sabe lo que son los permisos, probablemente deseará saber cómo cambiarlos. Esto se lleva a cabo con el comando **chmod**. Existen dos modos de operación que se pueden utilizar con el comando **chmod** para definir los permisos: un modo rápido y confuso, y un segundo modo más amigable para el usuario.

El modo más sencillo utiliza comandos fáciles de recordar para activar y desactivar permisos. Para emplear dicho modo, siga estos pasos:

1. Seleccione un nivel de permiso. Si desea establecer permisos para el propietario, debe pulsar la tecla u. Si desea cambiar los permisos para el grupo, debe pulsar la tecla g. Para establecer permisos para el resto del mundo, pulse la tecla o. Por último, si desea que el permiso afecte a todos los niveles (propietario, grupo y resto del mundo), pulse la tecla a.

2. Elija una operación. Decida si desea activar o desactivar un determinado nivel de permiso. Si desea activar un permiso, deberá pulsar el carácter +, y si desea desactivar un permiso, el carácter -.

3. Determine el permiso en sí. Si desea actuar sobre el permiso de lectura, pulse la tecla r; para el permiso de escritura, la w, y para el de ejecución, la x.

4. Ejecute el comando del siguiente modo: **chmod <nivel de permiso><acción><permiso><nombre de archivo><nombre de archivo>**...

Por ejemplo, si desea activar permisos de escritura para el grupo sobre el archivo magical-beans.gz mostrado anteriormente:

```
-rw------- 1 jray test  1463882 Jul  2 11:33
➥magical-beans.gz
```

```
>chmod g+w magical-beans.gz
```

Para ver si ha funcionado la operación, ejecute el comando **ls -lg** con el nombre del archivo.

```
>ls -lg magical-beans.gz
-rw--w---- 1 jray test 1463882 Jul 2 11:33
➥magical-beans.gz
```

De esta forma, los permisos de escritura quedan activados para los miembros del grupo **test**.

Aunque este método de modificar permisos de archivo puede parecer fácil a algunos usuarios debido a su naturaleza simbólica, existe otra sintaxis que el autor considera más rápida y sencilla. Consiste en configurar la verdadera máscara de bits que controla los permisos de un archivo. Al activar uno de los tres bits binarios, se activa un nivel de permiso. El primero de los bits (de derecha a izquierda) determina el permiso de lectura, el segundo determina el permiso de escritura y el tercero determina el permiso de ejecución.

Véalo de este modo:

```
100 - Read permission - The decimal equivalent of this
➥binary value is 4.
010 - Write permission - The decimal value for write is 2.
001 - Execute permission - The decimal representation is 1.
```

De este modo, se pueden definir fácilmente varios permisos al mismo tiempo. Por ejemplo, es fácil ver que **110** es la combinación que equivale a los permisos de lectura y escritura. El valor decimal de esta cadena binaria es 6 (4+2). Con este método de configuración de permisos para un archivo, podrá establecer al mismo tiempo los permisos para el propietario, el grupo y el resto del mundo, utilizando tres dígitos. Cada uno de estos dígitos es la suma de los permisos que se desean establecer. El primer dígito indica el propietario, el segundo el grupo y el tercero el resto del mundo.

Por ejemplo, supongamos que desea hacer que el propietario disponga de todos los permisos y que el grupo y el resto del mundo tengan permisos de lectura y de ejecución. Para otorgar todos los permisos hay que sumar todos los valores de permiso 4+2+1=7. Los permisos de lectura y ejecución representan una combinación de 4+1=5. Así que los tres números que hay que usar para establecer estos permisos son 7, 5 y 5, y se deben introducir como un número de tres dígitos: 755. La sintaxis para esta forma del comando chmod es la siguiente: chmod <permisos> <nombre de archivo><nombre de archivo>...

Por ejemplo:

```
>chmod 755 magical-beans.gz
>ls -lg magical-beans.gz
-rwxr-xr-x   1 jray test   1463882 Jul  2 11:33
➥magical-beans.gz
```

Tal y como se esperaba, el propietario dispone de todos los permisos (lectura, escritura y ejecución), mientras que el grupo y el resto del mundo tienen permisos de lectura y ejecución. Cuando adquiera experiencia en el uso de los permisos, probablemente comprobará que este segundo método es la forma más rápida de establecer permisos. Lo único que tiene que recordar es lo siguiente: lectura (4), escritura (2) y ejecución (1); y no tendrá ningún problema.

CAMBIO DE PERMISOS EN EL NIVEL DE DIRECTORIO

Si desea cambiar los permisos de una estructura completa de directorios (todos los archivos y directorios que contenga dicho directorio), puede utilizar la opción de línea de comandos -R con el comando chmod, para cambiar de forma recursiva todo lo que contenga un directorio.

Cómo cambiar el propietario de un archivo: chown

Este comando no le va a servir de mucho, ya que sólo lo puede utilizar un superusuario (usuario root). Si necesita cambiar el propietario de un archivo, tendrá que solicitar al administrador del sistema que ejecute el siguiente comando: chown <nuevo propietario><nombre de archivo><nombre de archivo>...

Por ejemplo:

```
>chown agroves magical-beans.gz
>ls -lg magical-beans.gz
-rwxr-xr-x  1 agroves  test      1463882 Jul  2 11:33
➥magical-beans.gz
```

El archivo es ahora propiedad del usuario **agroves**, en lugar de **jray**, que era el propietario en los ejemplos anteriores de esta lección.

OTRO MODO DE OTORGAR LA PROPIEDAD

Si, por alguna razón, otro usuario necesita poseer un archivo de nuestra propiedad, siempre podemos otorgarle el permiso de lectura y dejar que copie el archivo. La copia creada será propiedad del otro usuario.

Cómo cambiar el grupo de un archivo: chgrp

Mientras que el usuario normal no puede cambiar el propietario de un archivo, sí que puede cambiar el grupo al que pertenece un archivo mediante el comando **chgrp**. No obstante, para poder hacer esta operación, debe ser uno de los miembros de ese grupo. El administrador del sistema tiene la capacidad de crear nuevos grupos y añadir usuarios a estos grupos. Si tiene alguna duda sobre si pertenece o no a un grupo, pregunte al administrador cómo se configuró su cuenta.

Para utilizar el comando **chgrp**, debe seguir los pasos siguientes:

1. Seleccione el archivo o archivos que desea cambiar.

2. Determine el grupo al que pertenecerá de ahora en adelante el archivo.

3. Cambie el grupo del archivo ejecutando el comando chgrp <nuevo grupo> <nombre del archivo><nombre del archivo>...

Por ejemplo:

```
>chgrp admins magical-beans.gz
>ls -lg magical-beans.gz
-rwxr-xr-x  1 agroves  admins   1463882 Jul  2 11:33
magical-beans.gz
```

El archivo magical-beans.gz pertenece ahora al grupo admins. Los miembros del grupo tienen permisos de lectura y ejecución para el archivo.

El uso más obvio del comando chgrp es cuando se tiene que colaborar en un proyecto. Si un usuario crea un archivo que desea compartir con otras personas, es necesario cambiar el grupo del archivo para que sea un grupo al que pertenezcan todos los usuarios.

EJECUCIÓN DEL COMANDO CHGRP PARA UN DIRECTORIO

El comando chgrp, al igual que el comando chown, se puede ejecutar de forma recursiva en un directorio utilizando la opción -R. Esto puede ahorrarnos tiempo cuando se quieren modificar varios archivos y directorios al mismo tiempo.

Asignación de archivos a un nuevo grupo: newgrp

Si está trabajando en un proyecto, es posible que no quiera estar cambiando constantemente el grupo de los archivos que crea, ya que puede ser demasiado pesado si trabaja con cientos de archivos. Afortunadamente, existe una forma de asignar automáticamente los archivos a un grupo del que se es miembro. Para ello, se utiliza el comando newgrp. Todos los archivos que se creen después de ejecutar este comando serán del grupo que se especifique. Este cambio estará en vigor hasta que cierre la sesión o vuelva a ejecutar el comando newgrp. Para ejecutar este comando, utilice la siguiente sintaxis: newgrp <nuevo grupo>.

Por ejemplo:

```
>newgrp admins
```

Después de haber ejecutado este comando, todos los archivos que se creen durante esta sesión pertenecerán al grupo admins.

Cómo convertirse de forma temporal en otro usuario: su

El comando substitute user, o su, permite pasar a otra cuenta de usuario durante una misma sesión. En Linux, este comando cambia el identificador de usuario **efectivo**, es decir, todos los archivos que se creen aparecerán como si los hubiera creado otro usuario. Sin embargo, el identificador de usuario **real** no varía. Una consecuencia de este cambio es que, incluso en el caso de que haya utilizado el comando su para convertirse en otro usuario, al ejecutar el programa mail, éste buscará el e-mail correspondiente a la cuenta de usuario que utilizó para iniciar la sesión. Para ejecutar este comando, escriba su <nuevo usuario>.

Por ejemplo:

```
>su agroves
Password: ******
```

Ahora podríamos utilizar el comando whoami para comprobar si el sistema cree efectivamente que somos agroves.

```
>whoami
agroves
```

Tal y como se esperaba, el usuario ya puede realizar acciones bajo la cuenta **agroves**. Si cree que puede utilizar el comando **su** para tratar de adivinar las contraseñas de otros usuarios, está muy equivocado. El comando **su** registra todos los accesos en un archivo de registro.

CÓMO COMPARTIR CUENTAS

No es una buena idea compartir contraseñas de cuentas entre usuarios. Para este ejemplo se ha usado la cuenta agroves, lo que no es necesariamente bueno. Como el sistema piensa que el usuario es agroves, prácticamente todo lo que lleve a cabo el nuevo usuario se almacenará como si lo hubiera creado el usuario original (algo que puede que no le guste al usuario original).

Un uso más adecuado del comando su sería para cambiar a cuentas no personales. Existen varias cuentas que son propiedad de servidores de bases de datos y de otro tipo, a las que resulta conveniente acceder utilizando el comando su, con el fin de realizar el mantenimiento de los archivos de la base de datos.

Resumen

En este capítulo ha aprendido cuál es el objetivo de los permisos, los propietarios y los grupos. Con ello, debería entender lo que es necesario para permitir a otros usuarios el acceso a sus archivos y cómo colaborar en proyectos mediante los permisos de grupo. Puede ponerse en contacto con el administrador del sistema para saber cómo ha decidido administrar los grupos. Además, puede solicitarle que cree grupos que incluyan a otros usuarios con los que desea compartir archivos. Veamos ahora cuáles son los puntos clave de esta lección:

- **Permisos.** Los permisos de los archivos determinan qué usuarios pueden acceder a un archivo y qué nivel de acceso tienen para ese archivo. Los tres niveles de permisos son: lectura, escritura y ejecución. Estos permisos se pueden aplicar al propietario, al grupo o al resto del mundo.

- **chmod.** El comando **chmod** permite cambiar los permisos de un archivo o directorio. Este cambio se puede hacer de dos formas: con símbolos o con números. El resultado es idéntico de las dos formas, por lo que puede usar el que le parezca más sencillo.

- **chown.** El único que puede cambiar el propietario de un archivo es el superusuario (**root**). Si es capaz de convencer al administrador del sistema para que lo haga, el comando **chown** permitirá al administrador cambiar el propietario.

- **chgrp.** Este comando permite cambiar el grupo al que pertenece un archivo. Únicamente podrá asignar el archivo a un grupo al que usted pertenezca.

- **newgrp.** En lugar de tener que cambiar constantemente el grupo de archivos que cree, puede utilizar el comando **newgrp** para asignar los archivos automáticamente a un grupo del que sea miembro. Todos los archivos que cree durante el resto de la sesión se crearán bajo ese grupo.

- **su.** El comando **substitute user** permite convertirse de forma efectiva en otro usuario dentro de una misma sesión. Si dispone de la contraseña de otra cuenta, puede utilizar el comando **su** para llevar a cabo una operación bajo esa cuenta; todos los archivos que se creen serán propiedad de este usuario.

Comandos privilegiados

20

En este capítulo se echará un vistazo a algunos de los comandos especiales que pueden encontrar, en alguna ocasión, los usuarios de Linux.

Los comandos que se incluyen en este capítulo sólo los puede ejecutar el usuario root. No obstante, esta información le ayudará a entender algunas de las preocupaciones del usuario root y a poder comprender mejor lo que le diga su administrador del sistema.

Puesto que Linux funciona con múltiples usuarios, múltiples procesos y archivos que pueden ser propiedad de cientos de personas, existen algunos comandos que, si pudieran ser ejecutados por usuarios normales, podrían hacer que el sistema se convirtiera en un verdadero caos. Estos comandos realizan tareas como dar formato a discos, reiniciar el sistema y crear o eliminar dispositivos.

Modo monousuario

Todas las máquinas Linux se pueden configurar para que se inicien en el modo monousuario, un modo en el que la máquina no dispone de recursos de red y sólo admite que un único usuario inicie una sesión. Este modo es una forma de mantenimiento que permite al usuario **root** solucionar problemas en el sistema sin tener que preocuparse de que pueda haber otros usuarios cambiando cosas con las que están trabajando. En algunas versiones de Linux, si una máquina sufre un fallo bastante grave, puede reiniciarse de forma automática en el modo monousuario. Algunas necesitan una contraseña de usuario **root** antes de introducir cualquier comando, pero otras pueden acceder directamente al *shell* del usuario **root**. Si su máquina Linux sufre un fallo total y se reinicia en el modo monousuario, **no toque nada**. Todo lo que haga podría impedir que se diagnosticara el fallo y, lo que es peor, podría tener efectos devastadores en el sistema. Para el usuario **root**, introducir un simple error, como en el comando **rm**, puede hacer que se borre todo el sistema de archivos desde arriba hasta abajo.

fsck

Es posible que, de vez en cuando, haya oído a su administrador del sistema quejarse de tener que ejecutar el comando **fsck** en una unidad. Linux suele cuidar bastante bien sus unidades de disco pero, a veces, surgen problemas. **fsck** es el comando Linux para arreglar problemas de disco, causados por un fallo físico o por errores de los programas. La mayoría de los sistemas Linux ejecutan el comando **fsck** en las unidades al iniciarse el sistema y luego presentan un informe de análisis con el número de archivos y el nivel de fragmentación de la unidad. Si observa cómo se inicia una máquina Linux, no se preocupe si ve que aparecen problemas en el informe del comando **fsck**, puesto que el sistema intentará solucionarlos de forma automática. En la mayoría de los casos suele lograrlo y, una vez ejecutado el comando **fsck** sobre las unidades, el sistema vuelve a reiniciarse. Si las unidades presentan problemas graves, el comando **fsck** se detendrá automáticamente y presentará un mensaje de error **Run fsck manually** (ejecute el comando **fsck** de forma manual). Si ocurre esto, no toque nada y contacte con un administrador de sistemas.

mount/umount

El comando **mount** hace que el sistema asocie una unidad de disco al sistema de archivos en un determinado directorio. Si recuerda lo visto en el Capítulo 4, "El sistema de archivos", Linux abstrae el hardware físico haciendo que las unidades aparezcan como directorios del sistema de archivos. El comando **mount** indica al sistema cómo puede acceder a la unidad o dónde puede encontrarla en la red. El comando **unmount** realiza exactamente lo contrario: elimina los dispositivos instalados.

Si inicia una sesión en el sistema y aparece un mensaje del tipo **No Home Directory - using /** (no hay directorio principal - utilizando /), no se preocupe. Lo más seguro es que su directorio principal esté en buen estado, pero en una unidad que no está instalada. Esto no debería ocurrirle a menudo. Sin embargo, como las unidades y los recursos se comparten en la red, con que una sola persona tropiece con un cable de red, pueden dejar de estar disponibles varios dispositivos hasta que el cable se repare.

Si se le presenta el error anterior o, en determinados sistemas, la computadora no le permite iniciar la sesión después de introducir su contraseña, espere 15 minutos e inténtelo de nuevo antes de ponerse en contacto con el administrador del sistema. Es posible que el administrador del sistema ya tenga noticia del problema y lo esté intentando arreglar, pero que las llamadas de queja de decenas de usuarios estén ralentizando el proceso de reparación.

shutdown/reboot

Aunque los equipos de sobremesa se están haciendo cada vez más exigentes en lo que se refiere a cerrar la sesión antes de apagar la máquina, las computadoras Linux son aún más exigentes. La diferencia se debe al hecho de que Linux utiliza decenas de programas que se ejecutan al mismo tiempo para formar lo que aparece como sistema operativo. Cada uno de estos procesos podría estar, en el momento de apagar el sistema, modificando, moviendo, creando o eliminando archivos. Si el usuario simplemente apaga la computadora, interrumpirá todos estos procesos y probablemente destruirá todos los archivos con los que se estaba trabajando en ese momento. Si los archivos fueran únicamente documentos de un procesador de textos, el problema no sería tan grave. Pero, desafortunadamente, Linux también mueve y actualiza archivos básicos para el sistema operativo. El hecho de apagar directamente la máquina Linux puede hacer que se dañen las unidades y el sistema no se pueda utilizar. En resumen: no apague la computadora sin cerrar antes la sesión.

Para prevenir este problema, Linux dispone de un comando para cerrar el sistema (**shutdown**) y un comando para reiniciarlo (**reboot**). Estos dos comandos cierran de forma correcta todo el software que se esté ejecutando, escriben la información de la caché de disco en las unidades y finalizan las tareas correspondientes. Por razones obvias, estos comandos sólo los puede utilizar el usuario **root**. No obstante, Linux permite al usuario de consola normal utilizar la combinación de teclas Ctrl+Alt+Supr. Este comando, realmente, no sirve para apagar la máquina, sino que ejecuta el comando **shutdown**, como el usuario **root**, sin solicitar una contraseña. Sólo debe utilizarse en caso de emergencia. Puede haber otros usuarios utilizando la misma máquina, o puede que la computadora esté proporcionando recursos de disco a otras máquinas, y, si se cierra, se puede crear un caos en la red local y el causante de dicho caos puede pasar a ocupar la primera posición de la lista negra de usuarios del administrador del sistema.

chown

El comando **chown** sirve para cambiar la cuenta propietaria de un archivo. Obviamente, un usuario normal no puede utilizar este comando pero, en caso necesario, puede pedir al administrador del sistema que lo haga. No olvide que siempre se puede obtener una copia de un archivo que sí se pueda leer mediante el comando **cp** y, en ese caso, no sería necesario cambiar la propiedad del archivo.

Resumen

En este capítulo se ha realizado una introducción a algunos de los comandos que el usuario normal no debería, o realmente no puede, ejecutar, con el fin de que entienda por qué no debe ejecutarlos y le sea más fácil comunicarse con el administrador del sistema. Los administradores del sistema realizan un trabajo complicado: tienen que encontrar el equilibrio entre mantener el sistema funcionando para todos los usuarios (lo que, en ocasiones, les obliga a ser tercos e inflexibles) y crear el entorno que necesitan los usuarios individuales para trabajar. La mayor parte de ellos hace cuanto está en su mano para que el sistema funcione lo mejor posible, pero algunos no disponen del tiempo suficiente para tener mucha paciencia. Lo más probable es que, si entiende la clase de cosas que pueden complicar la vida a su administrador del sistema y por qué no debería hacerlas, el administrador del sistema le considere un buen usuario. A continuación se resumen algunos de los puntos más importantes de este capítulo:

- Si parece que su máquina está ejecutando un *shell* del usuario root, no toque nada.

- No moleste al usuario root (administrador del sistema) para comunicarle que hay unidades que no están instaladas, salvo que esté claro que nadie más lo sabe.

- No apague nunca la máquina sin el permiso del administrador del sistema.

- Los usuarios root (administradores) pueden cambiar la propiedad de los archivos pero, antes de solicitarles que lo hagan, debería considerar si es realmente necesario o si será suficiente con hacer una copia de los mismos.

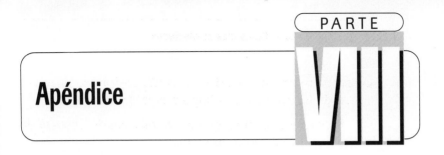

PARTE

VIII

Apéndice

A. Cómo elegir la versión de distribución
de Linux

Cómo elegir la versión de distribución de Linux

Antes incluso de instalar Linux y empezar a utilizarlo, es necesario llevar a cabo una elección que puede ser algo confusa: ¿qué versión de distribución de Linux debería usar? Si busca una versión de distribución de Linux en Internet, encontrará referencias a Red Hat, Caldera, Debian y muchas otras empresas. Debido a la creciente popularidad de Linux entre los usuarios y los desarrolladores, no hay duda de que esta lista de versiones de distribución de Linux seguirá aumentando en los próximos meses y años.

Si no conoce Linux, no cabe duda de que elegir una versión que le convenga será una tarea difícil. Afortunadamente, la mayoría de las versiones se distribuyen en CD-ROM de forma gratuita o por un precio mínimo. Por tanto, tiene la oportunidad de probar varias versiones sin gastarse mucho dinero. La mayoría de la gente elige una versión de Linux y luego no cambia. Otros prefieren combinar partes de varias versiones para crear un sistema híbrido. Es usted quien decide cómo debe ser su sistema operativo.

¿QUÉ ES UNA VERSIÓN DE DISTRIBUCIÓN DE LINUX?

Una versión de distribución de Linux no es más que una forma de empaquetar el sistema operativo Linux. Del mismo modo que los fabricantes de coches añaden opciones a un modelo básico de coche, la gente que crea las distintas versiones de Linux añade características distintas a su versión, con el fin de hacerla más atractiva.

Elementos clave que se deben considerar

Versión. Es importante saber si la versión de distribución incluye la versión más reciente del *kernel* (núcleo). En el momento de escribir estas líneas, la versión de *kernel* que se distribuye es la 2.0.36 y ya se está desarrollando la 2.2.0. El *kernel* contiene las instrucciones básicas necesarias para que funcione Linux. Los problemas de bajo nivel del sistema, como la susceptibilidad a ataques de red TCP/IP son, a menudo, problemas relacionados con el *kernel*. Cada cierto tiempo aparecen nuevas versiones del *kernel*, en las que se han solucionado los problemas de versiones anteriores. Si elige una versión de distribución que no esté actualizada, es posible que tenga que actualizar el *kernel* de forma manual, una tarea que puede resultar peliaguda para un usuario de Linux poco experimentado.

Facilidad de actualización. En el pasado, para actualizar Linux era necesario comprobar si existía una nueva versión del software, cargarla, compilar el programa e instalarlo. Esto hacía que se quedaran archivos anticuados en directorios ocultos del sistema y se perdieran archivos de configuración; en resumidas cuentas, actualizar el sistema daba lugar a verdaderos quebraderos de cabeza. En la actualidad, muchas versiones de distribución de Linux incluyen la capacidad de analizar el sistema y determinar qué archivos son los que se tienen que actualizar y luego actualizarlos de forma automática. De esta forma, el usuario puede mantener el sistema actualizado con los parches y utilidades más recientes y se reduce, así, la cantidad de tiempo que hay que dedicar a administrar la máquina.

Características incorporadas. En todas las versiones de distribución de Linux se incluyen todas las utilidades y componentes estándar. De hecho, en la mayoría de los casos, si alguna utilidad no está incorporada, siempre se puede encontrar en Internet e instalarla en el sistema. Sin embargo, si trabaja con cientos de máquinas, realizar esta operación con todas ellas podría ser algo pesado. Por esta razón, le recomendamos que elija la versión de distribución que contenga el mayor número de características que considere necesarias. Siempre se pueden añadir nuevas utilidades después, pero es mejor empezar con una base sólida.

Soporte. Para muchos, este punto quizá sea el más importante. Si se adquiere una versión de distribución de Linux completa, ¿el usuario recibe soporte para el software? La capacidad de obtener, de forma rápida, información y ayuda técnica en un mismo punto puede ser muy importante tanto para las empresas como para los usuarios particulares. En lugar de elegir un producto que le deje solo ante el peligro, debería elegir uno que incluya soporte técnico.

Algunas conocidas versiones de distribución

En este apartado presentamos algunas de las versiones de distribución de Linux más conocidas y describimos de forma breve algunas de sus características. Las versiones de distribución de Linux pueden cambiar de forma abismal entre una revisión y la siguiente, por lo que conviene que averigüe qué es lo que se incluye y lo que no en la versión de distribución más actual en el momento en que lea este libro, porque quizá sea muy distinta de las versiones disponibles en el momento en que el autor lo escribió.

PRECAUCIONES

La mayoría de las versiones de distribución que se pueden adquirir por algo más de 7.500 pesetas, se pueden encontrar también en Internet de forma gratuita y en CD-ROM a precios reducidos. Aunque estas versiones son similares, las versiones baratas no incluyen ningún tipo de soporte, ni documentación impresa, ni ningún software de carácter comercial de los que normalmente se incluyen. Con estas versiones, el usuario se encuentra solo ante el peligro. Si desea adquirir un producto completo, asegúrese de que está comprando un auténtico paquete Linux.

Las distintas versiones de distribución de Linux tienen su propio esquema de versiones. Por ejemplo, la última versión de Red Hat es la versión 5.2, mientras que la versión más reciente de Openlinux de Caldera es la versión 1.3. Sin embargo, los dos productos utilizan el kernel 2.0.35. El hecho de que el número de una versión sea inferior al de otra no significa que sea un producto más antiguo o con menos capacidades. Para asegurarse, compruebe las versiones de *kernel* correspondientes, que normalmente aparecen indicadas en la caja del producto.

Linux de Red Hat

Red Hat es la versión más popular de Linux en Estados Unidos e incluye una gran variedad de paquetes de valor añadido. El proceso de instalación ha sido optimizado y se puede instalar a través de una red de forma muy sencilla. Esta versión de distribución incluye muchas utilidades de personalización para administrar el sistema de forma gráfica. La versión Red Hat es la primera que incluye el sistema de administración de versiones RPM, que facilita la actualización de las distintas versiones de distribución: tan sólo es necesario hacer clic sobre un botón llamado **upgrade** (actualizar) y esperar unos minutos. Red Hat también ofrece servicios de soporte para la versión completa de sus productos.

Si desea obtener más información acerca de la versión de distribución Red Hat, visite la siguiente página web: http://www.redhat.com.

Linux de Debian

La versión de distribución de Linux de Debian es una versión no comercial y también muy popular. El soporte de esta versión lo ofrece la comunidad de desarrollo Debian, que está formada por cientos de personas en todo el mundo. La versión de distribución Debian es una versión de vanguardia, que se actualiza con mucha frecuencia. Los errores se detectan y se eliminan tan rápidamente como en muchas versiones comerciales (o incluso más rápido). Debian también ofrece su propio sistema de administración de versiones, que, al igual que RPM, actualiza el sistema de forma muy simple. La versión Debian de Linux es la versión de distribución más flexible que existe, pero esta flexibilidad significa que los nuevos usuarios encontrarán el sistema mucho más complicado. Por esta razón, la versión Debian de Linux está dirigida a usuarios veteranos de Linux o UNIX.

Si desea obtener más información acerca de la versión de distribución Debian, visite la siguiente página web: http://www.debian.org.

Openlinux de Caldera

La versión de distribución de Caldera es una versión comercial muy potente que incluye varios servidores de gama alta, entre los que se incluye el servidor Linux Sybase

ASE (SQL). Caldera ha diseñado un proceso de instalación amigable, muy parecido al de la versión Red Hat y que también utiliza el administrador de versiones RPM. Una característica especial del OpenLinux de Caldera es que incluye el entorno KDE, que ofrece una magnífica interfaz para los usuarios que están acostumbrados a los sistemas operativos de escritorio más tradicionales. También incluye la serie de programas ofimáticos StarOffice, que ofrece conectividad con Office 95 y funcionalidades y características muy similares a este paquete. Para las empresas, Caldera ofrece extensos programas de formación, certificación y servicios de soporte para OpenLinux.

Si desea obtener más información acerca de la versión de distribución OpenLinux, visite la siguiente página web: http://www.calderasystems.com.

Linux S.u.S.E

Se trata de una sólida versión de distribución, plena de funciones, con todas las características, que incluye 4 CD-ROM con aplicaciones y código fuente y una exhaustiva documentación impresa. La versión de distribución de Linux S.u.S.E utiliza el sistema de administración de versiones RPM de Red Hat para facilitar las actualizaciones sencillas, y además incluye sus propias herramientas de administración, también fáciles de usar. Asimismo, incluye servidores X Windows desarrollados por S.u.S.E para ser compatibles con las últimos modelos de tarjetas de vídeo. Para los que gusten de las interfaces gráficas, incluye también el entorno de escritorio KDE.

Si desea obtener más información acerca de la versión de distribución S.u.S.E., visite la siguiente página web: http://www.suse.com.

Muchas opciones para elegir

Elija la versión de distribución que elija, seguro que encuentra en ella características que le gustan y que no incluyen otras versiones. Si debe elegir una versión para una empresa, es conveniente que compruebe el nivel de respuesta de los servicios de soporte para cada una de las versiones de distribución. Debido al rápido desarrollo del sistema Linux, es difícil saber cuál es la mejor versión. Si desea obtener más información sobre las distintas versiones de distribución, le recomendamos que visite la siguiente página web de Linux Headquarters: http://www.linuxhq.com/dist-index.html.

Afortunadamente, el precio de las versiones comerciales de Linux es mucho menor que el de los sistemas operativos dominantes. Por el precio de una versión de UNIX o Windows NT, se pueden adquirir **muchas** versiones de Linux. Le aconsejamos que se tome todo el tiempo necesario para elegir la versión que más le guste y que incluya las características y el software que más necesite. Una gran parte de la diversión al utilizar el sistema operativo Linux consiste en investigar todo lo que éste puede ofrecerle.

Índice alfabético